學會八宅明鏡這本最簡單

黃恆堉、李羽宸◎著

中國五術教育協會
台中市五術教育協會
高雄市五術教育協會

聯合推薦

自己做住家的陽宅規劃師

為什麼有些人因為買對房子而居住平安、順利、進財，相反的有一部分人買了房子或租房子後，生活變得更差、更不平靜，並且有破財的壞運。就陰陽宅理論來講，可歸各於磁場合不合適的問題，所以不能不小心。

以陽宅磁場理論來講，可分外陽宅及內陽宅，約各 50% 的重要性，【外陽宅稱之為巒頭】，【內陽宅稱之為理氣】。在坊間解釋外陽宅的書籍相當多，例如：作者上一本著作《十分鐘學會看懂陽宅風水》等等，而本書就以內陽宅的理論來論述，室內各房間的佈局與規劃，藉由本書淺顯的方式一步步導引，如何從大門↓客廳↓神位↓臥房↓書房↓廚房↓廁所等等，做一次詳細的檢查與探討，再做細心規劃，以便讓全家人住得安心、放心、寬心，這才是注重陽宅最終的目的。

您可知道陽宅風水對人們的運勢與健康、事業興盛與否，具有相當的影響力，可知要找一位地理師到家中來規劃陽宅，大約需要花數千到數十萬不等，但是，您只要遵照本書的步驟，一步步規劃佈局「咱們的家」，這樣一來不僅可以省下大筆金錢，更能將陽宅最好的磁場一次到位，這就是作者的期望。

本書談到的重點有：

A、家中八大方位每年由各種不同星神管轄，要讓您學會如何針對每年的飛星來趨吉避凶。

B、先教會您算出自己的命卦是東四命，還是西四命，要買房或租房，該怎麼選擇才是最好。

C、如何才能將家中成員，運用八宅明鏡派理論分配到最適合的房間，走最好的運勢。

D、會告訴您廚房或瓦斯爐擺不對位置，會有什麼狀況，如何改善。

E、對於全家人的升學、考試、升官等之文昌位，如何安置讓我們一切順利。

F、坊間最正確的安神方位法一下就學會，從步驟到方法一次到位喔！

G、有人最怕廁所在家中位置不對，怎麼辦，別緊張，有方法解決的。

H、當然也可由屋宅形狀得知家中成員，會有何病痛，以及運勢好壞。

I、時間一天一天過，陽宅也有流年吉凶磁場產生，我們要如何趨吉避凶。

J、想結婚而姻緣不現，想生孩子但孩子緣不現，有慢性病長久一直醫不好，當然可藉由調整陽宅磁場，來看能不能改善，也是一個不錯的方法喔！

以上種種問題，都是一般大眾想要知道的，看完本書您應該也可略懂八、九成了，這本書應該算是同類型（談八宅明鏡理氣學）最淺顯易懂的一本書，希望對您在陽宅規劃上有一點幫助，最後感謝，也感恩您，跟著我們一起研究成長，再次謝謝您。

台中市五術教育協會創會理事長 **黃恆堉**
癸巳年冬季吉祥坊易經開運中心
網址：www.abab.com.tw04-24521393

加強運勢趨吉避凶之妙法

古人有云：「人命不易知，從卦以演之。」乃是年歲有六十甲子，因年命各異，所適宜之居所也會有所不同。是故同一間陽宅，祖孫三代雖同堂，但是卻因為人命歲次各有喜忌，而產生好壞的差異，合者福祿自來，不合者橫生災禍。

「八宅明鏡」是以五行、八卦為之運用，宅命與陽宅五行八卦相生則家和興旺；五行八卦相剋則招凶禍害。「坎、震、巽、離」為東四宅卦、東四命卦，為水生木、木生火；「坤、乾、兌、艮」為西四宅卦、西四命卦，為土生金。均為相生有情，故居於同一卦位。

河圖洛書八卦之數，與「五之數」總是息息相關，以先後天八卦論卦，得乾老父為九（後天九離位）、震長男為八（後天八艮位）、坎中男為七（後天七兌位）、艮少男為六（後

天六乾位）、坤老母為一（後天一坎位）、巽長女為二（後天二坤位）、離中女為三（後天三震位）、兌少女為四（後天四巽位）。故相差「五」之合為「生氣方」屬上吉～乾兌、離震、巽坎、艮坤；相加合「十」為「延年方」屬上吉～乾坤、離坎、震巽、艮兌；相加「五」數之合為「天醫方」屬中吉～乾艮、兌坤、離巽、震坎；各自比合為「伏位方」屬小吉～乾乾、兌兌、離離、震震、巽巽、坎坎、艮艮、坤坤。

據此得知，乾九合艮六、震八合坎七、坤一合兌四、巽二合離三。陽卦相加得「十五」之數，陰卦相加得「五」之數，皆離不開「五數之合」，若不合「五之數」者，則相合必是凶。陰陽相剋為「絕命方」屬大凶～乾離、兌震、巽艮、坎坤；陽剋陽、陰剋陰為「五鬼方」屬大凶～乾震、兌離、巽坤、坎艮；六親陽陽、陰陰相刑為「六煞方」屬次凶～乾坎、兌巽、離坤、震艮；六親陰陽相破害為「禍害方」屬次凶～乾巽、兌坎、離艮、震坤。

由此可知陽宅方位的吉凶，可以依照屋宅的坐向，分為「東四宅卦」與「西四宅卦」兩種。而東四命卦之人居於東四宅，西四命卦之人居於西四宅，加上陽宅「內六事」依八卦吉凶做規劃，便能加強運勢之提升，進而達到趨吉避凶之妙。但是身為命理堪輿研究者，要知道陽宅本身的屋形與周遭龍虎之形勢，更勝於宅命之配合，亦即一間宅基不全、順水不過堂、眾路交相沖、明堂傾倒、人鬼同居、兇宅鬼屋、凶廟沖宅之屋，就算是宅命配合得宜，也是枉然。

鑽研「陽宅風水」除了興趣與熱忱之外，主要就是要幫助大眾，造福人群，藉由陽宅規劃佈局，讓心存絕望、惴惴不安之人得以走出陰霾，重新出發，榮景再現。其實陽宅和人是一樣的，必須裡外相互配合，有好的外局，也必須要有好的內局，則更能相得益彰，如虎添翼。

本書以八宅周書論命，在於強調內局的佈置是否得宜，身為一位地理師除了應有的專業知識之外，最重要的就是品德與良知，心存善念、誠懇待人、光風霽月、一片冰心，並且將陽宅風水結合科學與環境學，如同一位好的醫師，對症下藥去幫助所有的病患，使其生活得更健康更快樂。

所謂：「入門三相，便知其家。」陸陸續續「陽宅系列」書籍付梓，包括《十分鐘學會看懂陽宅風水》、《形家陽宅》、《陽宅口訣》、《學會八宅明鏡，這本最簡單》、《學會三元玄空，這本最好用》、《學會乾坤國寶，這本最容易》、《學會紫白飛星，這本最好學》、《學會各種羅盤，這本最正確》等，旨在導正一般人對於陽宅正確的認知，祈使每位讀者都能夠深得其用，自助而助人。最後謹以「中國五術教育協會」三尊保護神：謙虛、尊重、禮讓，與大家共勉，祝福大家、謝謝大家，感恩！感恩！再感恩！

高雄市五術教育協會 理事長 李羽宸

癸巳年孟冬謹序於吉謙坊命理開運中心

網址：www.3478.com.tw0930-867707

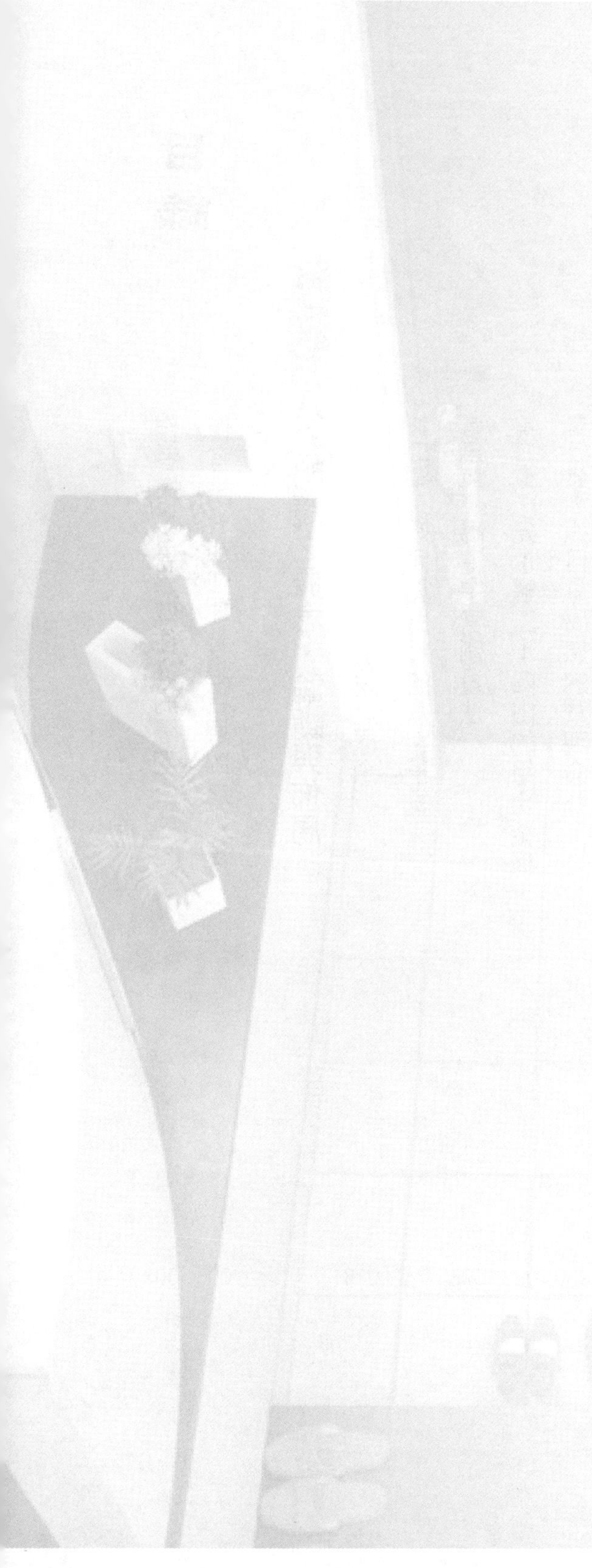

目錄

作者序：自己做住家的陽宅 003
作者序：加強運勢趨吉避凶之妙法 006

第一章 八宅明鏡之概念、論斷與佈局

第一節：淺談八宅明鏡之概念 018
第二節：如何算出您的八字干支 020
第三節：陽宅中宮測量法 023
第四節：先了解二十四山的組合結構 027
第五節：如何算出您的八宅命卦 030
第六節：各命卦及方位神煞算法 035
第七節：如何劃分東西四宅 040
第八節：命卦與門向配合所產生之對應 045
第九節：四吉星與四凶星之特性 049
第十節：年命九星的現象 053
第十一節：流年九星斷宅運 059

第二章 屋宅各方位吉凶詳述

第一節：住在四吉方與四凶方現象解釋 069
第二節：如何變換四凶方的方法 073
第三節：變換絕命方的方法 074
第四節：變換五鬼方的方法 082
第五節：變換六煞方的方法 090
第六節：變換禍害方的方法 098

第三章 八宅派廚房及爐灶方位吉凶論斷
第一節：陽宅造灶法 108
第二節：廚房方位吉凶認定法 112
第三節：爐灶坐向吉凶認定法 115

第四章 八宅派家中文昌位論述
第一節：如何用宅向來找文昌位 120
第二節：如何用個人出生年來找文昌位 126
第三節：如何用流年九星來找文昌位 128

第五章 家中神位吉凶論述

第一節：如何取用二十四方位山星神歌訣 137
第二節：如何來安座家中的神位 140
第三節：應用二十四山選定吉利方位 149
第四節：十門中什麼是財門、官門、人丁門 152
第五節：安神位順序 154
第六節：祭祀神明、祖先的規矩 157
壹、神桌上論陰陽 158
貳、高低有陰陽 158
參、前後大小之分 159
肆、神尊排列方式 160
伍、香數字的代表 160
陸、神尊儀態式樣 161
柒、安神位置的選擇 162
捌、香爐注意事項 162
玖、安香所需物品之準備 163
第七節：每日早晚燒香祝詞 166

第六章 廁所方位吉凶論斷

第一節：陽宅廁所總論 170
第二節：八宅派廁所安置法 177
第三節：陽宅座山廁所安置法 182

第七章 屋形凸出或凹陷之疾病論斷

第一節：如何判斷不規則房子的吉凶好壞 184
第二節：八宅派古法口訣盈缺吉凶論述 189

第八章 三合八煞黃泉，屋宅水路之論斷

第一節：三合派水法論定好水與壞水之差異 200
第二節：八煞黃泉吉凶口訣論述 204

第九章 運用八宅派求得婚姻的方法

第一節：如何求得好姻緣好桃花 210
第二節：想結婚而姻緣不現，如何調整 215

第十章 運用八宅派求得子息的方法

第一節：內外形煞造成不孕的風水 224

第二節：八宅派子孫歌訣吉凶論述 230

第三節：想生子而孩子緣不現，如何調整 233

第十一章 運用八宅派讓疾病改善的方法

第一節：八卦五行論疾病 244

第二節：八宅派疾病歌訣論述 246

第三節：總有一些身體毛病醫生處理不好，如何調整 250

第十二章 運用八宅派趨吉避凶的方法

第一節：八宅古營造賦釋義論吉凶 262

第二節：流年五黃煞及歲破之預防 267

第三節：想在自己的屋宅長住久安嗎？如何調整 272

第十三章 宅內六事佈局法

第一節：陽宅周遭形勢 283

第二節：大門 292
第三節：客廳 295
第四節：臥房 297
第五節：書房 300
第六節：廚房 302
第七節：廁所 305
第八節：神位 307
第九節：樓梯 310
第十節：財位 312
第十一節：辦公室 315

第十四章 實際範例：陽宅診斷與規劃之步驟
看完本書後，依書本範例照表操課，您就是一位標準的陽宅規劃師了 317

附錄：八宅明鏡排盤軟體試用版安裝與功能解說 352

【第一章】八宅明鏡之概念、論斷與佈局

第一節　淺談八宅明鏡之概念

八宅明鏡為古今陽宅學中，最流行也是最易懂的方法之一，因此一般人學習陽宅風水，也大多以八宅法入門。但此法應用至今卻衍生出多種派別，例如原法以「坐山」為伏位起遊年，而有些名家則改由以「向」起遊年，或由「大門」起遊年，或捨棄宅命，而以「年命」起遊年。關於宅命，原法以「坐山」定宅命，而有派別卻以「大門」之方向定宅命，例如坐北向南，門開西南方，傳統法則應為「坎宅」，而此派別則以大門之對宮論宅命，而為「艮宅」。

亦有重視宅命，而輕忽年命（人命）；亦有只重視年命，而不重視宅命者。凡此，五花八門，不知所從？本書則以「八宅明鏡」為依據，以「向」為伏位起遊年。

需要說明的是，單門獨戶的住宅以後坐定宅；城市大廈一般以陽（包括大街、馬路、廣場、花園、水池等）為向，與向相反的一面便是後坐，大廈內所有單位都以大廈定宅。例如：樓宅後坐朝北的，叫坎宅；後坐朝東南的，叫巽宅。其餘仿此。

命卦也分八種。命卦是根據每個人出生的年份推定的，男女有別。如果是年頭年尾生的，應以農曆的立春節為分界線。命卦的推定來自洛書，紫白九星按照特定的運行軌跡，陰順陽逆，每年不斷地變換著值班的運星，或叫年運星，是年運星決定了男女不同的命卦。

準備買樓（也包括租辦公大樓、商舖）的人士，當你知道自己屬於甚麼命卦後，你就要有的放矢地選擇配合命卦的樓宅了。東四命人住進了東四宅，西四命人住進了西四宅，就叫宅命相配。如果東四命人住進了西四宅，西四命人住進了東四宅，就是宅與命不相配合。住宅本來是蔭庇之所，給宅內之人帶來福元。如果宅命不配，就是不得或少得福元。長此住下去，宅內人就會漸漸感到不適，輕則運勢不順、多病厄，重則破財損耗、多災殃。

第二節 如何算出您的八字干支

如何推算出自己的陽宅密碼？生年干支一般稱之為「年柱」，其算法是以「立春」為分界點。「立春」當天的前後就是當時這兩年的區隔了。

例如民國 102 年交「立春」的時間：

國曆是二月四日早子時初刻 14 分（一般立春都在國曆二月四日或五日），農曆是十二月二十四日早子時初刻 14 分。

所以便了解在「立春」國曆是二月四日早子時初刻 14 分之前出生的人，必須算民國 101 年生，其年柱是為「壬辰」年。

在「立春」國曆是二月四日早子時初刻 14 分之後出生的人，必須算民國 102 年生，其年柱是為「癸巳」年。

天干地支換算法

天干算法：民國出生年之個位數減 2，其「餘數」就是年天干。

餘數	1	2	3	4	5	6	7	8	9	0
天干	甲	乙	丙	丁	戊	己	庚	辛	壬	癸

地支算法：民國出生年除以12，其「餘數」就是年地支。

餘數	1	2	3	4	5	6	7	8	9	10	11	0
地支	子	丑	寅	卯	辰	巳	午	未	申	酉	戌	亥

例一：民國102年出生的人

天干求法：102-2=0癸（依排序：1甲、2乙、3丙、4丁、5戊、6己、7庚、8辛、9壬、0癸），故得知天干為「癸」。

地支求法：102÷12=8「餘數」為6（依排序：1子、2丑、3寅、4卯、5辰、6巳、7午、8未、9申、10酉、11戌、0亥），故得知地支為「巳」。

所以民國102年柱則為「癸巳」年。

例二：民國58年出生的人

天干求法：58-2=6己（依排序：1甲、2乙、3丙、4丁、5戊、6己、7庚、8辛、9壬、0癸），故得知天干為「己」。

地支求法：58÷12=4「餘數」為10（依排序：1子、2丑、3寅、4卯、5辰、6巳、

7午、8未、9申、10酉、11戌、0亥），故得知地支為「酉」。

所以民國58年柱則為「己酉」年。

例三：民國47年出生的人

天干求法：47-2=5戊（依排序：1甲、2乙、3丙、4丁、5戊、6己、7庚、8辛、9壬、0癸），故得知天干為「戊」。

地支求法：47÷12=3「餘數」為11（依排序：1子、2丑、3寅、4卯、5辰、6巳、7午、8未、9申、10酉、11戌、0亥），故得知地支為「戌」。

所以民國47年柱則為「戊戌」年。

第三節 陽宅中宮測量法

測量陽宅中宮的方法，首先要先繪製陽宅的平面圖，量出住宅中心點的位置，才能得知八個方位之所在。因為每間屋宅的結構不一，測量的方式當然也各有所異，不過大抵上可區分為以下幾種：正方形、長方形、梯形、凹陷形、凸出形、不規則形。

若以地區來做比喻：宇宙是一個「大太極」，台灣就是一個「小太極」；台灣是一個「大太極」，高雄就是一個「小太極」；高雄是一個「大太極」，某鄉鎮就是一個「小太極」；此鄉鎮是一個「大太極」，住家就是一個「小太極」；住家是一個「大太極」，則其中客廳、房間、神明廳的地方，就是一個「小太極」，還是可以用同樣的方法，以專業「羅盤」定位，測量出各方位之所在。

1、正方形：

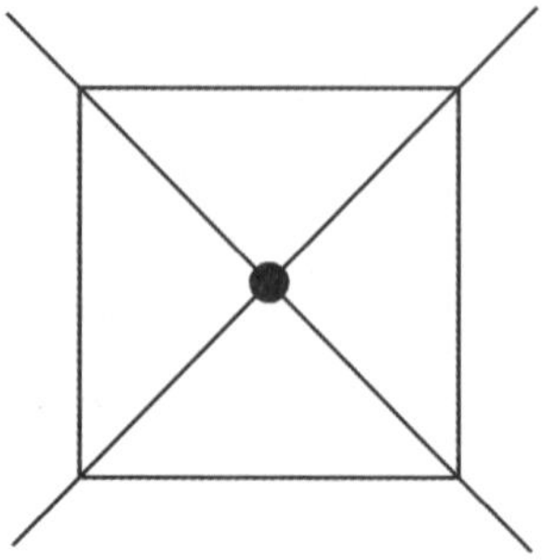

2、長方形：

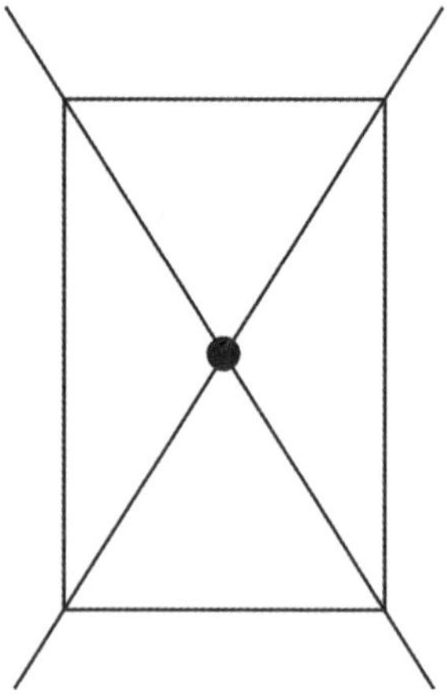

3、梯形：

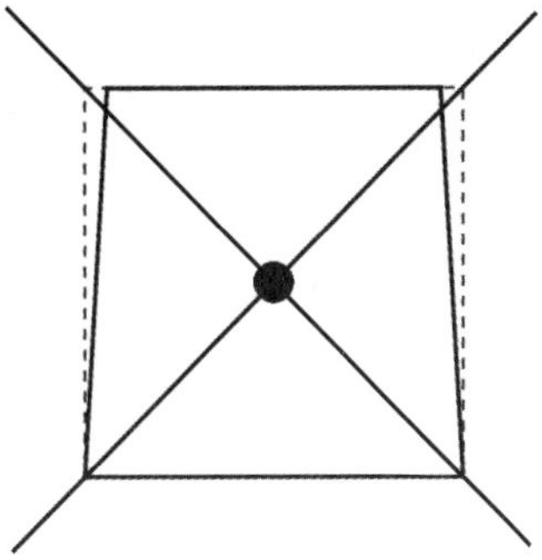

4、凹陷形：

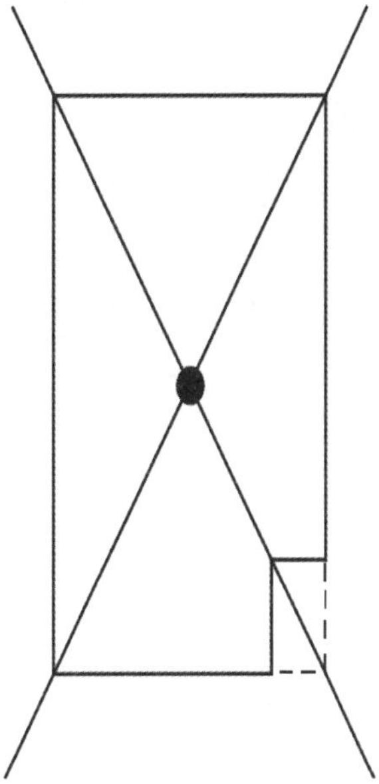

5、凸出形：

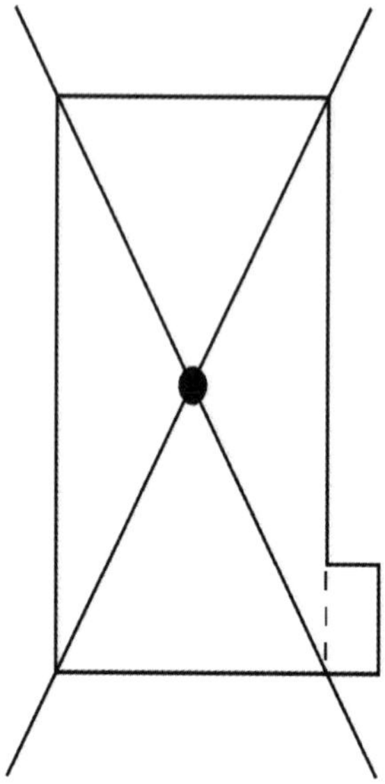

6、不規則形：

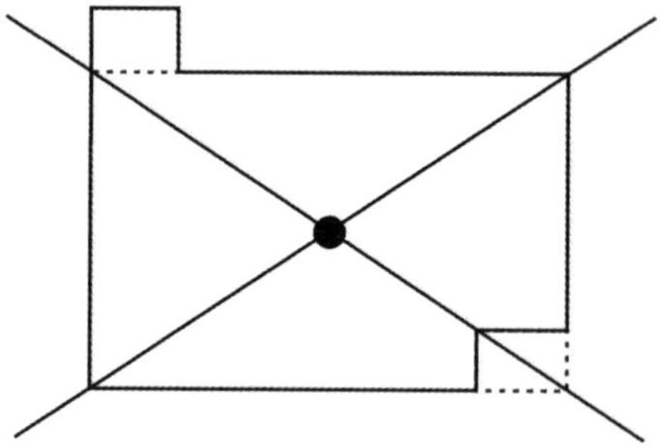

以上幾種房屋形狀中心太極點的取用法，請按照該規則就對了。

第四節 先了解二十四山的組合結構

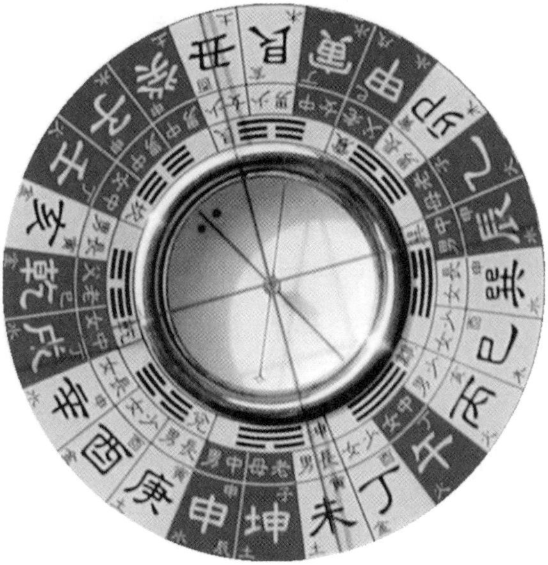

在堪輿中陰陽宅都必須使用二十四山做基礎，所以我們要先了解二十四山是由哪些元素所組成，其基本架構為八天干、十二地支、四維卦等三種組合，而形成二十四山。

八天干：甲乙（東方木）、丙丁（南方火）、庚辛（西方金）、壬癸（北方水）。

十二地支：子（北方）、丑寅（東北方）、卯（東方）、辰巳（東南方）、午（南方）、未申（西南方）、酉（西方）、戌亥（西北方）。

四維（隅）卦：乾（西北方）、坤（西南方）、艮（東北方）、巽（東南方），為後天八卦之方位。其二十四山的組成，依順時針方向

依序為：

壬子癸（北方屬水、坎卦）
丑艮寅（東北屬土、艮卦）
甲卯乙（東方屬木、震卦）
辰巽巳（東南屬木、巽卦）
丙午丁（南方屬火、離卦）
未坤申（西南屬土、坤卦）
庚酉辛（西方屬金、兌卦）
戌乾亥（西北屬金、乾卦）

八卦分為二十四山，而每個卦位又各分為三山

坎卦：壬山丙向、子山午向、癸山丁向。
坤卦：未山丑向、坤山艮向、申山寅向。
震卦：甲山庚向、卯山酉向、乙山辛向。
巽卦：辰山戌向、巽山乾向、巳山亥向。
乾卦：戌山辰向、乾山巽向、亥山巳向。
兌卦：庚山甲向、酉山卯向、辛山乙向。
艮卦：丑山未向、艮山坤向、寅山申向。
離卦：丙山壬向、午山子向、丁山癸向。

第五節 如何算出您的八宅命卦

八宅方位

一坎：壬子癸（北方）

二坤：未坤申（西南方）

三震：甲卯乙（東方）

四巽：辰巽巳（東南方）

六乾：戌乾亥（西北方）

七兌：庚酉辛（西方）

八艮：丑艮寅（東北方）

九離：丙午丁（南方）

八卦分類

東四命卦：一坎、三震、四巽、九離

西四命卦：二坤、六乾、七兌、八艮

如果命卦落在五，則男命以二坤入命卦、女命以八艮入命卦。

男女手掌命卦法

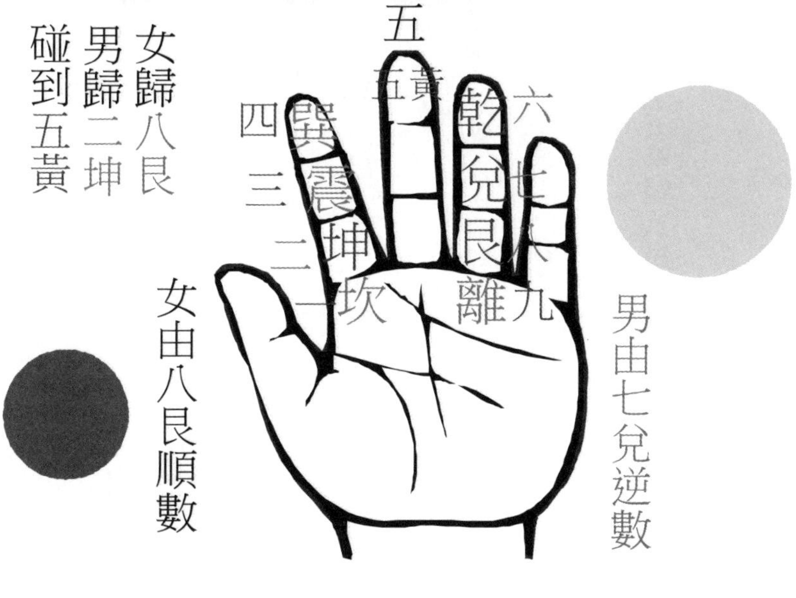

命卦求法

以民國出生年男命為例：1965年=1965-1911=（54年次）數字相加為5+4=9，男命由七兌逆數九格，得結果是八艮，所以此人即為八艮西四命卦。

以民國出生年女命為例：2009年=2009-1911=（98年次）數字相加為9＋8=17，由於超過兩位數，是故要再相加一次得出1＋7=8，女命由八艮順數到八，得結果是六乾，所以此人即為六乾西四命卦。

以民國出生年男命為例：1968年=1968-1911=（57年次）數字相加為5＋7=12。由於超過兩位數，是故要再相加一次得出1＋2=3，男命由七兌逆數三格，得結果是五黃，所以此人即為二坤西四命卦。

以民國出生年女命為例：2008年=2008-1911=（97年次）數字相加為9＋7=16，由於超過兩位數，是故要再相加一次得出1+6=7，女命由八艮順數到七，得結果是五黃，所以此人即為八艮西四命卦。

必須要注意的是，男命數到五黃歸二坤西四命卦、女命數到五黃歸八艮西四命卦。

男女命卦速求表：年份須以【立春】交界為論

西元	年次	男生命卦	女生命卦	西元	年次	男生命卦	女生命卦	西元	年次	男生命卦	女生命卦
1931	20	六乾	九離	1969	58	四巽	二坤	2007	96	二坤	四巽
1932	21	二坤	一坎	1970	59	三震	三震	2008	97	一坎	八艮
1933	22	四巽	二坤	1971	60	二坤	四巽	2009	98	九離	六乾
1934	23	三震	三震	1972	61	一坎	八艮	2010	99	八艮	七兌
1935	24	二坤	四巽	1973	62	九離	六乾	2011	100	七兌	八艮
1936	25	一坎	八艮	1974	63	八艮	七兌	2012	101	六乾	九離
1937	26	九離	六乾	1975	64	七兌	八艮	2013	102	二坤	一坎
1938	27	八艮	七兌	1976	65	六乾	九離	2014	103	四巽	二坤
1939	28	七兌	八艮	1977	66	二坤	一坎	2015	104	三震	三震
1940	29	六乾	九離	1978	67	四巽	二坤	2016	105	二坤	四巽
1941	30	二坤	一坎	1979	68	三震	三震	2017	106	一坎	八艮
1942	31	四巽	二坤	1980	69	二坤	四巽	2018	107	九離	六乾
1943	32	三震	三震	1981	70	一坎	八艮	2019	108	八艮	七兌
1944	33	二坤	四巽	1982	71	九離	六乾	2020	109	七兌	八艮
1945	34	一坎	八艮	1983	72	八艮	七兌	2021	110	六乾	九離
1946	35	九離	六乾	1984	73	七兌	八艮	2022	111	二坤	一坎
1947	36	八艮	七兌	1985	74	六乾	九離	2023	112	四巽	二坤
1948	37	七兌	八艮	1986	75	二坤	一坎	2024	113	三震	三震
1949	38	六乾	九離	1987	76	四巽	二坤	2025	114	二坤	四巽
1950	39	二坤	一坎	1988	77	三震	三震	2026	115	一坎	八艮

1951	40	四巽	二坤	1989	78	二坤	四巽	2027	116	九離	六乾
1952	41	三震	三震	1990	79	一坎	八艮	2028	117	八艮	七兌
1953	42	二坤	四巽	1991	80	九離	六乾	2029	118	七兌	八艮
1954	43	一坎	八艮	1992	81	八艮	七兌	2030	119	六乾	九離
1955	44	九離	六乾	1993	82	七兌	八艮	2031	120	二坤	一坎
1956	45	八艮	七兌	1994	83	六乾	九離	2032	121	四巽	二坤
1957	46	七兌	八艮	1995	84	二坤	一坎	2033	122	三震	三震
1958	47	六乾	九離	1996	85	四巽	二坤	2034	123	二坤	四巽
1959	48	二坤	一坎	1997	86	三震	三震	2035	124	一坎	八艮
1960	49	四巽	二坤	1998	87	二坤	四巽	2036	125	九離	六乾
1961	50	三震	三震	1999	88	一坎	八艮	2037	126	八艮	七兌
1962	51	二坤	四巽	2000	89	九離	六乾	2038	127	七兌	八艮
1963	52	一坎	八艮	2001	90	八艮	七兌	2039	128	六乾	九離
1964	53	九離	六乾	2002	91	七兌	八艮	2040	129	二坤	一坎
1965	54	八艮	七兌	2003	92	六乾	九離	2041	130	四巽	二坤
1966	55	七兌	八艮	2004	93	二坤	一坎	2042	131	三震	三震
1967	56	六乾	九離	2005	94	四巽	二坤	2043	132	二坤	四巽
1968	57	二坤	一坎	2006	95	三震	三震	2044	133	一坎	八艮

第六節 各命卦及方位神煞算法

這是一種最簡便能算出各種命卦所對應各方位神煞的方式，只要您跟著圖中的線從頭起卦，延著線的方向畫到箭頭結束之後，便能夠知悉八個方位的神煞位置。

圖中值 12346789 是後天八卦所代表的數字。

東四命的排法

例一：以坎卦命來排各方位神煞，依序為1伏—4生—8五—9延—6六—7禍—3天—2絕

邊起邊止、上起下止、中起中止

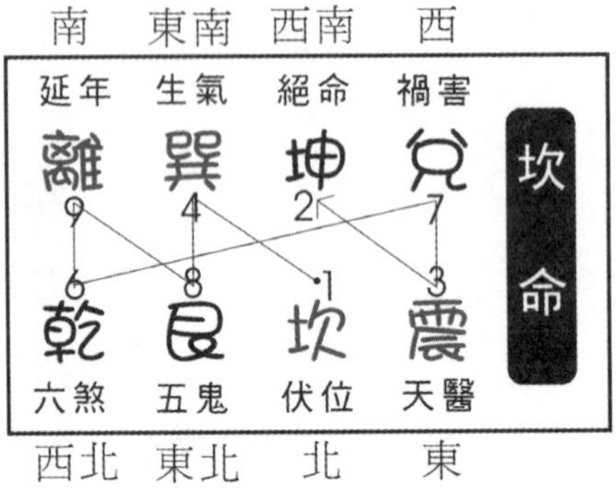

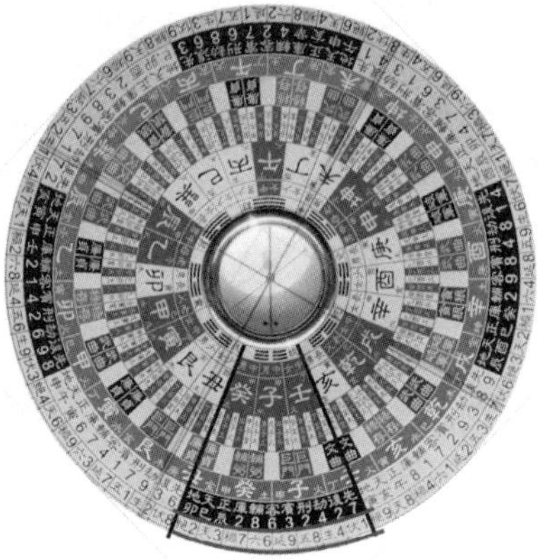

坊間已經有羅盤將八種命卦的八個方位，各代表什麼神煞都標示的很清楚，使用者就不用背了直接看就ok。本中心有此產品。

參考以上兩圖，坎卦命各方位神煞為：1伏位（北方）、2絕命（西南）、3天醫（東方）、4生氣（東南）、6六煞（西北）、7禍害（西方）、8五鬼（東北）、9延年（南方）。

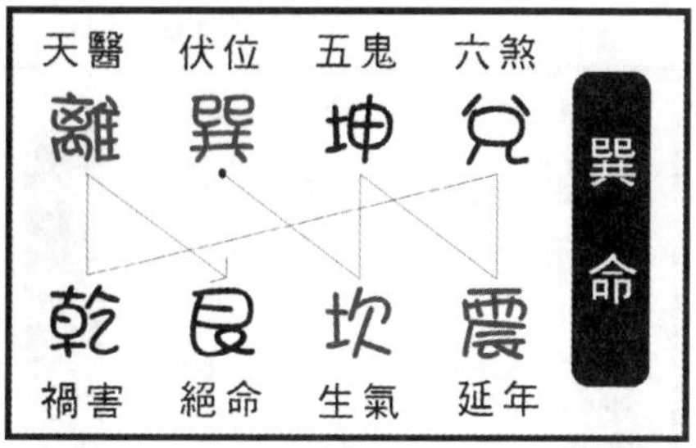

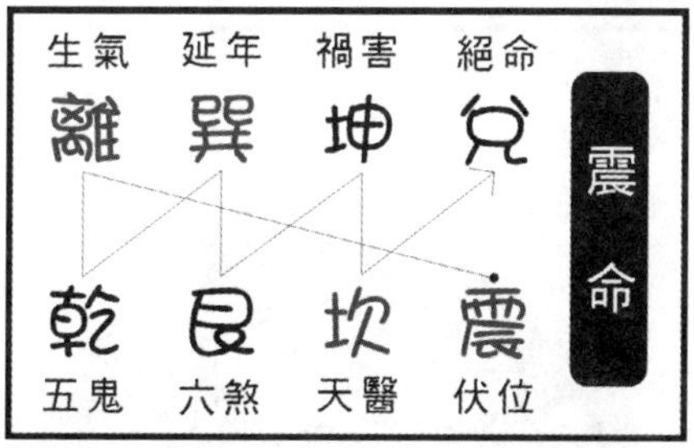

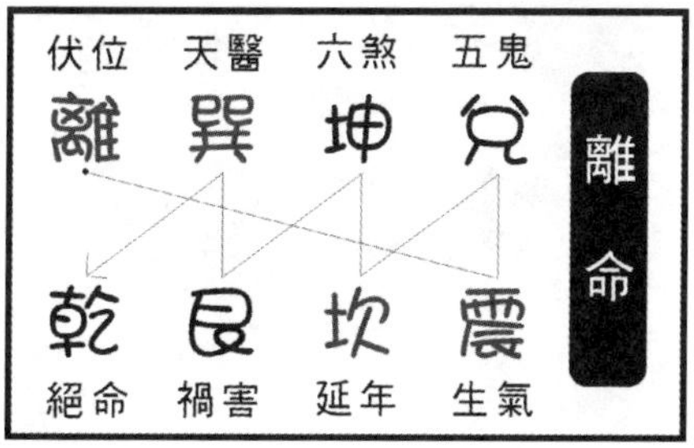

西四命的排法

例二：以乾卦命來排各方位神煞，依序為6伏—7生—3五—2延—1六—4禍—8天—9絕

邊起邊止、上起下止、中起中止

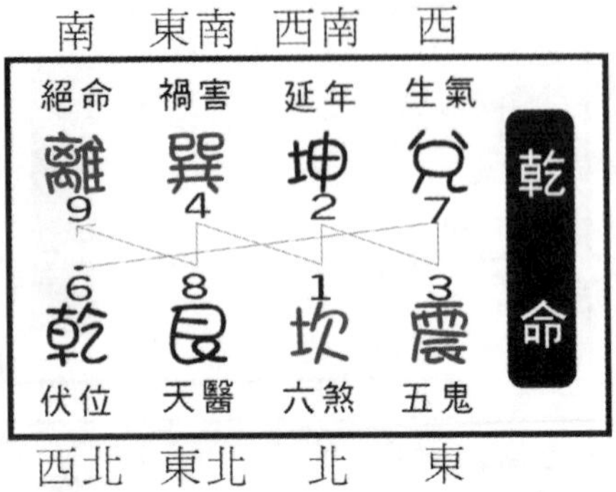

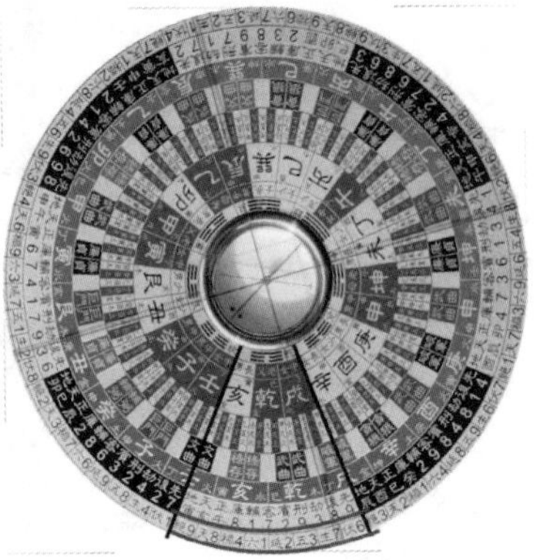

參考以上兩圖，乾卦命各方位神煞為：6伏位（西北）、2延年（西南）、3五鬼（東方）、4禍害（東南）、1六煞（北方）、7生氣（西方）、8天醫（東北）、9絕命（南方）。

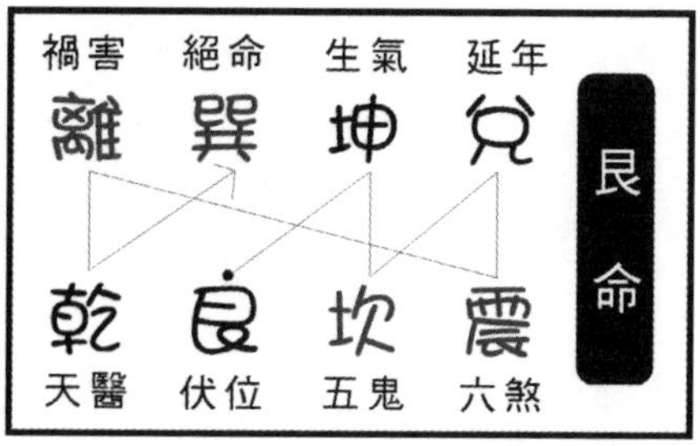

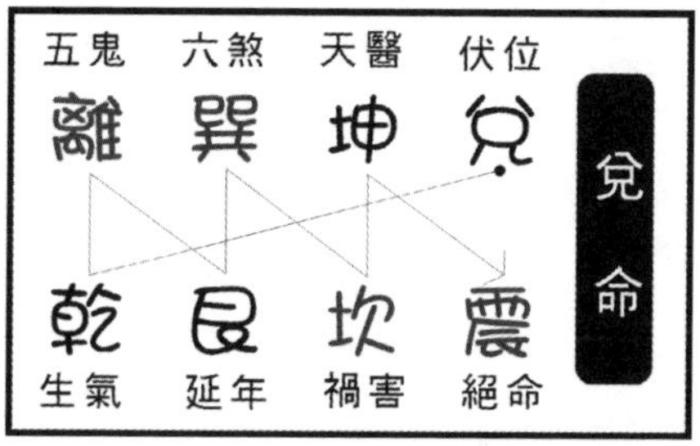

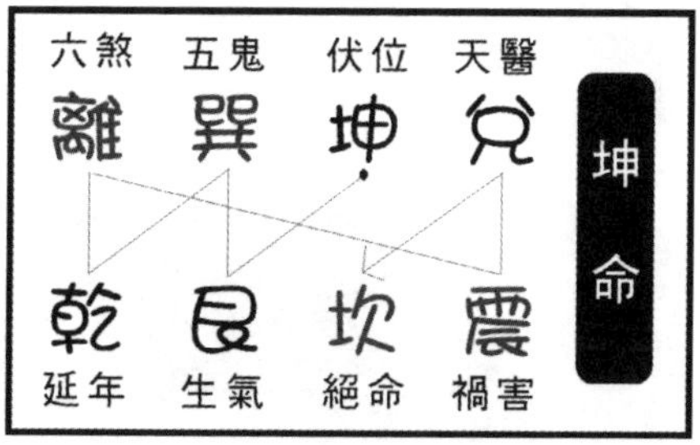

第七節 如何劃分東西四宅

東西四宅（本派以門起宅向）

一、東四宅歌訣：

（門開）震巽坎離是一家，西四宅爻莫犯他；
若還一氣修成象，子孫興旺定榮華。

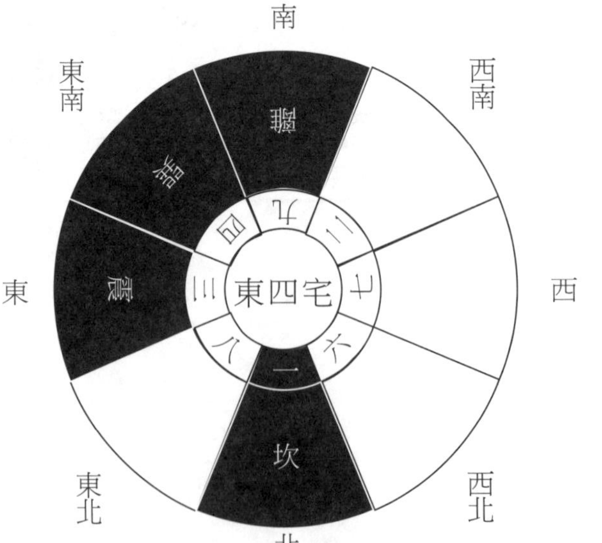

二、西四宅歌訣：

（門開）乾坤艮兌四宅同，東四卦爻不可逢；

誤將他象混一屋，人口傷亡禍必重。

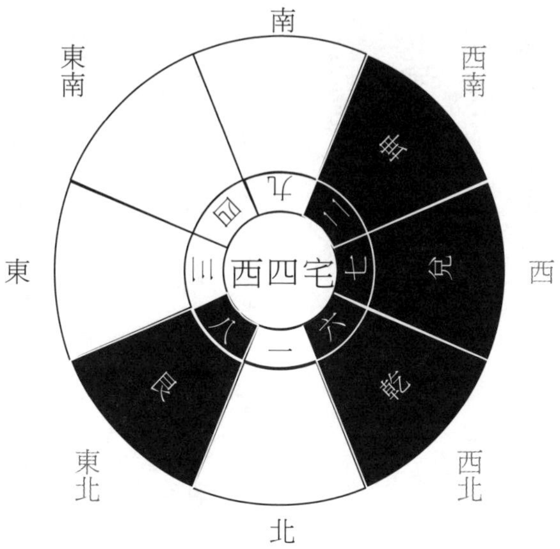

由於八卦所屬的五行，產生相生相剋的現象，因此很自然的分成兩組相生的體系，一組是「坎離震巽」，一組是「乾坤艮兌」，也就是所謂的「東四宅」與「西四宅」。

乾、兌兩卦屬金，坤、艮兩卦屬土，金與金、土與土是相互比助的，土與金則是相生。因此乾、兌、坤、艮四卦都是相生相助的，其中乾、兌、坤三卦位居西邊，因此統稱為「西四宅」。

坎卦屬水，震、巽兩卦屬木，離卦屬火，形成水生木，木生火，連環相生，其中震、巽兩卦位居東邊，因此統稱為「東四宅」。

西四宅

乾宅：坐東南朝西北。

艮宅：坐西南朝東北。

坤宅：坐東北朝西南。

兌宅：坐東朝西。

東四宅

坎宅：坐南朝北。

離宅：坐北朝南。

震宅：坐西朝東。

巽宅：坐西北朝東南。

八宅之四吉四凶方

四吉位：生氣、延年、天醫、伏位。

四凶位：五鬼、六煞、禍害、絕命。

東四宅：宅卦與門搭配相宜

宅與門搭配都是同樣東四卦，就是最佳配置。

東四宅之一：坎宅開離門，堆金並積玉，進出於震巽，子貴孫亦賢。

東四宅之二：震宅開巽門，添丁出豪翁，開門在坎離，六畜人口旺。

東四宅之三：離宅開坎門，金玉滿廳堂，出入在震巽，子孝孫亦賢。

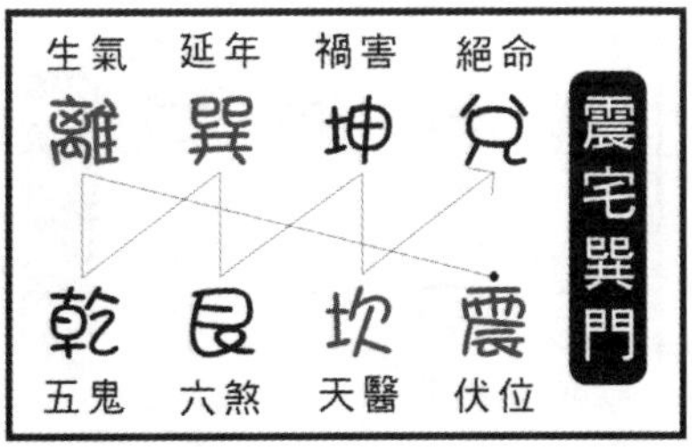

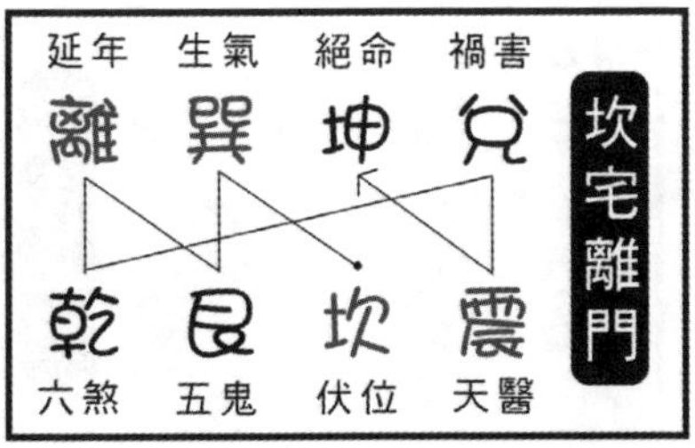

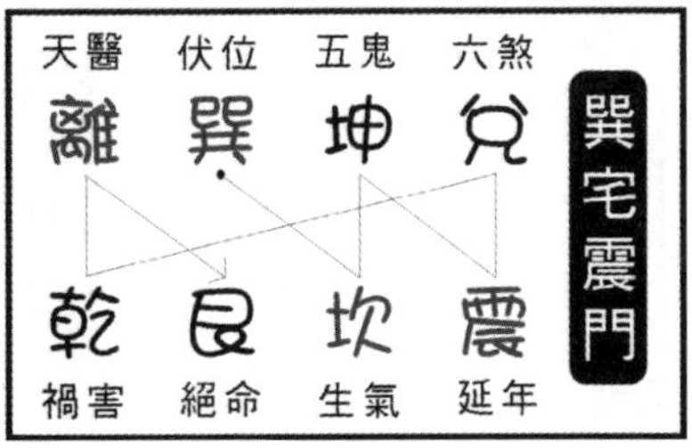

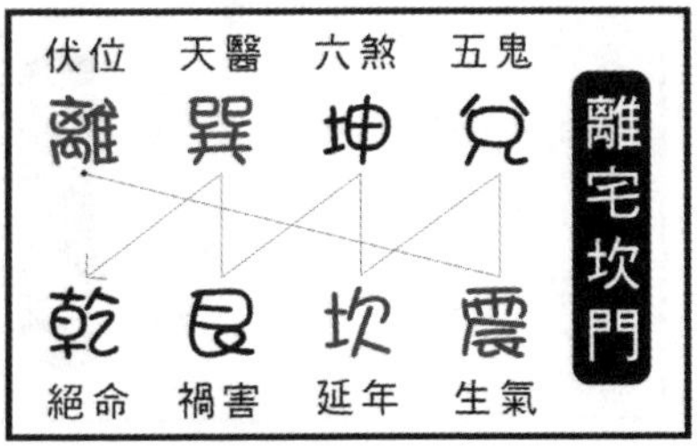

東四宅之四：巽宅開震門，家出賢才郎，開門在南北，必主有瑞祥。

西四宅：宅卦與門搭配相宜

宅與門搭配都是同樣西四卦，就是最佳配置。

西四宅之一：乾宅開坤門，富而且貴長，門開在兌艮，代代顯榮宗。

西四宅之二：艮宅開兌門，兒孫即滿堂，門開在乾坤，家和敬尊長。

西四宅之三：坤宅開乾門，夫婦心相連，若開艮兌門，子孫世代昌。

西四宅之四：兌宅開艮門，福祿定榮昌，門開在乾坤，祖業定豐榮。

若以個人命卦，對應門所產生的對應是以上八種組合，即算是很好的組合。

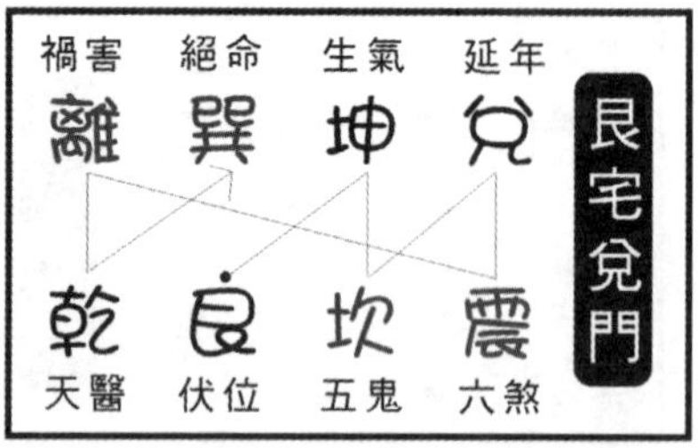

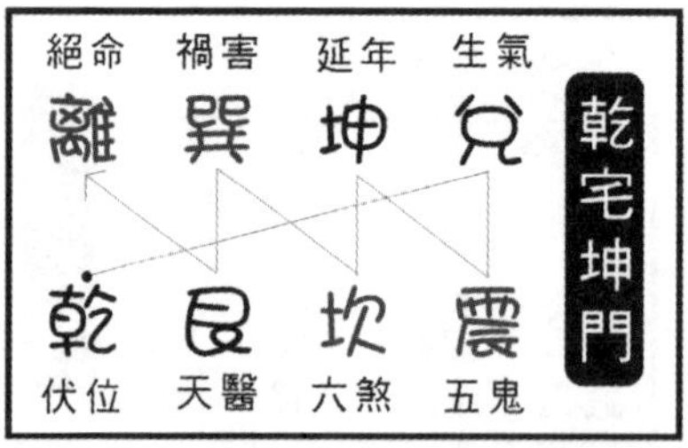

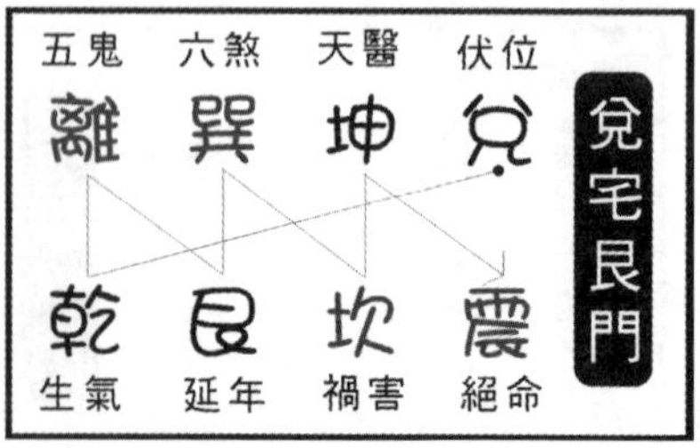

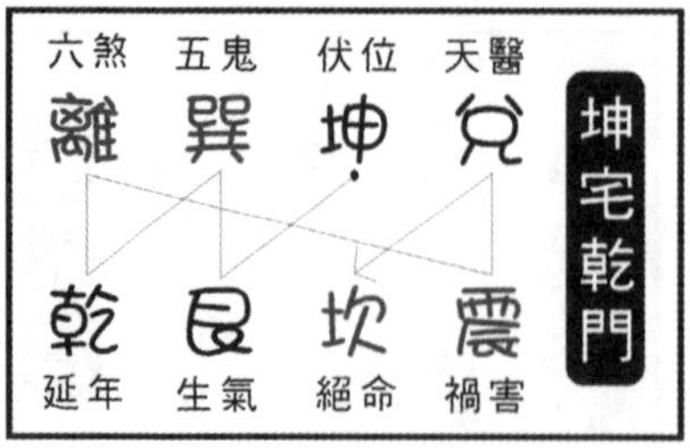

第八節 命卦與門向配合所產生之對應

舉凡東四命卦居東四宅，西四命卦居西四宅。又如東四命卦門向居西四門者為凶，西四命卦門向居東四門者為凶。所以八宅明鏡就是以人命為主，配合八卦吉方，以門、床、樓梯、辦公桌、沙發、灶向等等方位來做規劃。合者為吉、不合者為凶，但若是家中有卦位不同者，當然要以主掌經濟者為主。

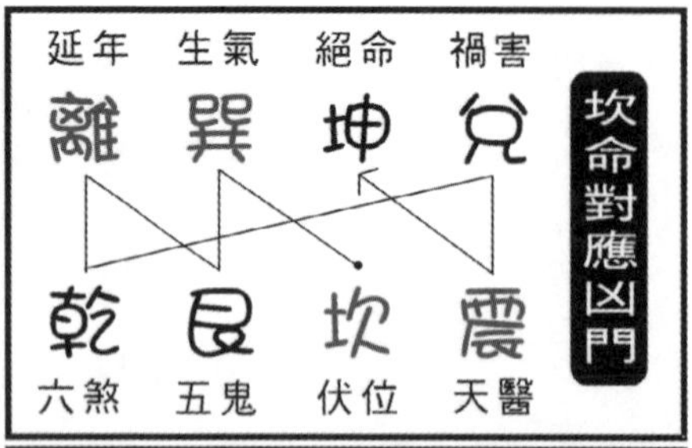

坎命乾門犯六煞需用銅製品
坎命艮門犯五鬼需用綠盆栽
坎命坤門犯絕命需用陶瓷甕
坎命兌門犯禍害需用長明燈

震命乾門犯五鬼需用綠盆栽
震命艮門犯六煞需用銅製品
震命坤門犯禍害需用長明燈
震命兌門犯絕命需用陶瓷甕

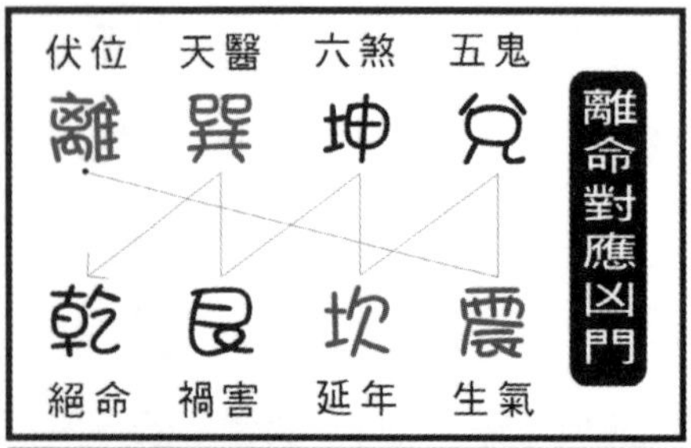

離命乾門犯絕命需用陶瓷甕
離命艮門犯禍害需用長明燈
離命坤門犯六煞需用銅製品
離命兌門犯五鬼需用綠盆栽

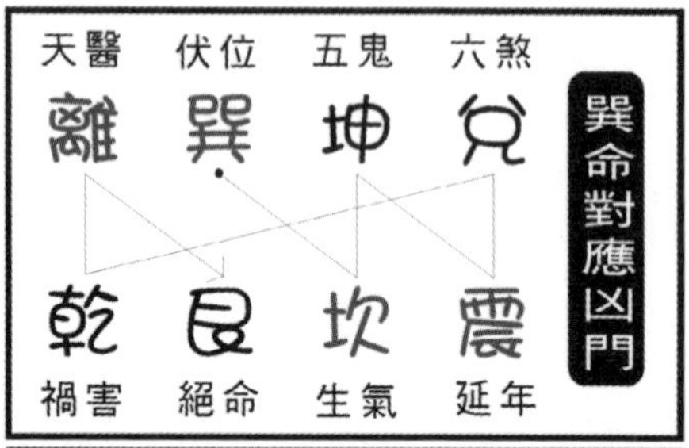

巽命乾門犯禍害需用長明燈
巽命艮門犯絕命需用陶瓷甕
巽命坤門犯五鬼需用綠盆栽
巽命兌門犯六煞需用銅製品

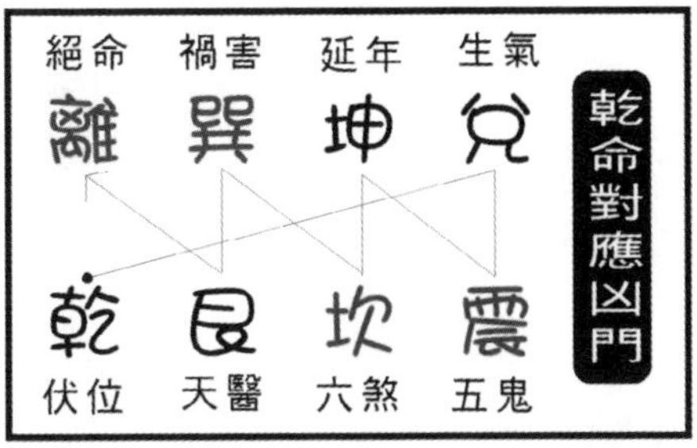

乾命離門犯絕命需用**陶瓷甕**
乾命巽門犯禍害需用**長明燈**
乾命坎門犯六煞需用**銅製品**
乾命震門犯五鬼需用**綠盆栽**

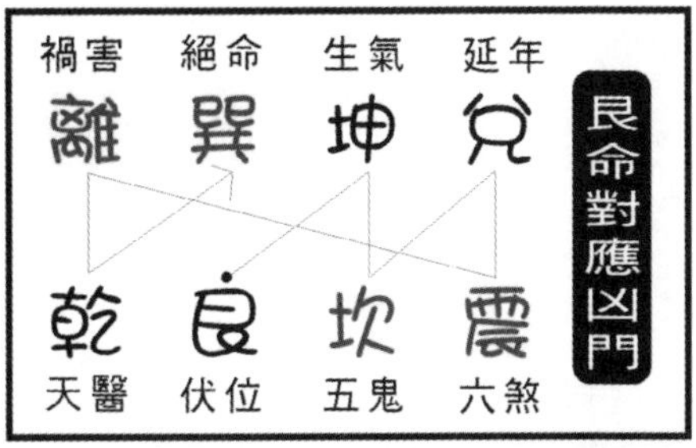

艮命離門犯禍害需用**長明燈**
艮命巽門犯絕命需用**陶瓷甕**
艮命坎門犯五鬼需用**綠盆栽**
艮命震門犯六煞需用**銅製品**

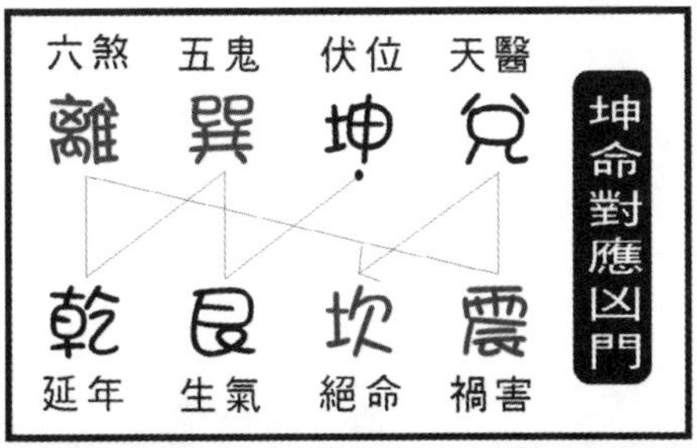

坤命離門犯六煞需用**銅製品**
坤命巽門犯五鬼需用**綠盆栽**
坤命坎門犯絕命需用**陶瓷甕**
坤命震門犯禍害需用**長明燈**

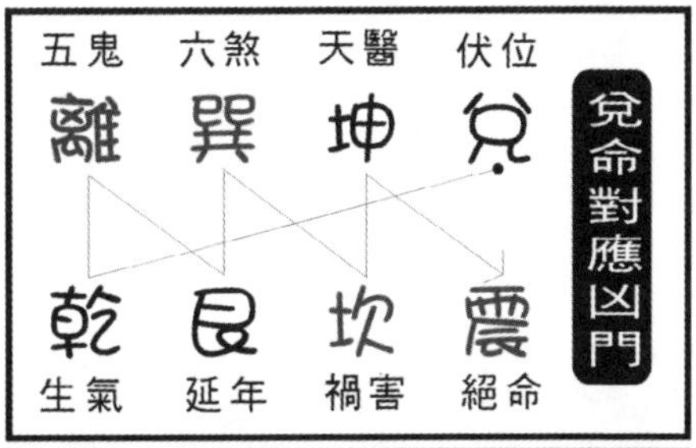

兌命離門犯五鬼需用**綠盆栽**
兌命巽門犯六煞需用**銅製品**
兌命坎門犯禍害需用**長明燈**
兌命震門犯絕命需用**陶瓷甕**

若以個人命卦，對應門所產生的對應是以上三十二種組合，就算是不好的組合，最好要加以制化與防範，否則到了應驗之年或月將會有剋應的凶象發生。

若以個人命卦，對應配偶命卦或對應孩子命卦所產生的對應是以上三十二種組合，就算是不好的組合，最好要加以制化，否則到了應驗之年或月將會有剋應的凶象發生。

如有不明瞭之處或想要求教老師尋求解決之方法，敬請來電。

第九節 四吉星與四凶星之特性

如果經排出命卦與宅之關係或命卦與命卦之關係，所對應出之星象吉凶如何，請對照以下說明：

如果用命卦對宅門或夫妻命卦對應命卦，所對應出如果是

（一）生氣：貪狼—震木，那請您去對應生氣：貪狼—震木的解釋。

（二）天醫：巨門—艮土，那請您去對應天醫：巨門—艮土的解釋。

（三）禍害：祿存—坤土，那請您去對應禍害：祿存—坤土的解釋。

（四）六煞：文曲—坎水，那請您去對應六煞：文曲—坎水的解釋。

（五）五鬼：廉貞—離火，那請您去對應五鬼：廉貞—離火的解釋。

（六）延年：武曲—乾金，那請您去對應延年：武曲—乾金的解釋。

（七）破軍：絕命—兌金，那請您去對應破軍：絕命—兌金的解釋。

（八）伏位：輔弼—巽木，那請您去對應伏位：輔弼—巽木的解釋。

四吉星位之特性

貪狼生氣木：（一白）

第一吉星，其本質之卦為震卦。主仁慈，旺人丁，利男性，出貴而催官。令人生氣蓬勃，凡事積極向上，順利吉慶的象徵。應驗於甲乙亥卯未年月。

巨門天醫土：（二黑）

第二吉星，其本質之卦為艮卦。主健康，利女性，旺財，性質忠厚、包容、知足。易有貴人相助，卻病消災，穩定情緒之效。應驗於戊己辰戌丑未年月。

武曲延年金：（六白）

第三吉星，其本質之卦為乾卦。主和睦，果斷精進，人際關係佳，利外交，夫妻和睦，婚姻早成，人丁大旺，多壽且中富之格。應驗於庚辛巳酉丑年月。

左輔伏位木：（八白）

第四吉星，其本質之卦為巽卦。主柔順平靜，慈祥寬容，利安放神位、主管位，男性重視家庭，家人感情融洽。應驗於甲乙亥卯未年月。

右弼伏位木：（九紫）

第四吉星，其本質之卦為巽卦。主柔順平靜，慈祥寬容，利安放神位、主管位，男性重視家庭，家人感情融洽。應驗於甲乙亥卯未年月。

四凶星位之特性

破軍絕命金：（七赤）

第一凶星，其本質之卦為兌卦。兌為秋天，有肅殺之氣，主衝突、生奇難雜症、手術、刀傷、車禍，使人焦慮不安，多病損壽，子女緣薄或絕嗣。應驗於庚辛巳酉丑年月。

廉貞五鬼火：（五黃）

第二凶星，其本質之卦為離卦。主性情暴躁，無端惹禍，意外橫生，癌症手術、口舌是非、家中失竊、官非破財、容易招鬼等現象。應驗於丙丁寅午戌年月。

祿存禍害土：（三碧）

第三凶星，其本質之卦為坤卦。主意見分歧，官非訴訟，身體虛弱，財難積聚，自信心弱，懶散反叛。應驗於戊己辰戌丑未年月。

文曲六煞：（四綠）

第四凶星，其本質之卦為坎卦。主陰險破壞，度量狹小，姻緣反覆，人口不寧，財運不佳，男性不務正業，女性易惹桃花。應驗於壬癸申子辰年月。

第十節 年命九星的現象

在八宅明鏡這門學理上也可以斷一個人的命格特質，一般分為八種命格特質，首先算出自己屬於什麼命卦（算法參考第五節）。

1.坎命、2.坤命、3.震命、4.巽命、6.乾命、7.兌命、8.艮命、9.離命。

男女手掌命卦法

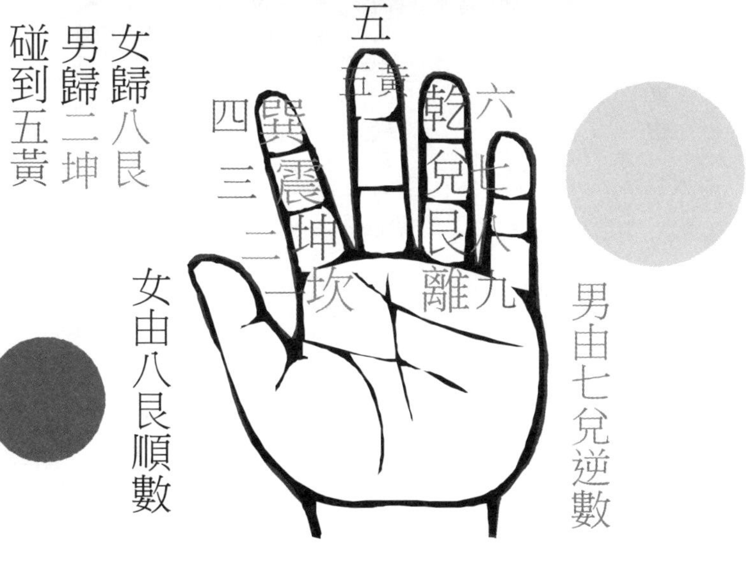

如果您是一坎命這輩子都會有以下這些特質

一白坎水：

1、為貪狼星，又名魁星，為政星，有天子之象，司權與禍福，化氣為桃花。

2、五行屬水，主智慧，思考能力。用之正，為博學、入聖；用之不正，為貪利，淪為盜寇。

3、對任何事情都很細心，且伶俐精巧，會造就相當的財富。

4、很會為他人斡旋、襄助、奔走，甚能博得好人緣，為外交、交際之能手。

5、坎為中男，排行二、五、八，易發達於中年運，約三十四歲至四十二歲。

如果您是二黑命這輩子都會有以下這些特質

二黑坤土：

1、為巨門星，掌法令，主是非，為坤卦，坤性柔順，孕生萬物。

2、外表溫和、親切、柔順，而內在卻含藏著頑固、任性之質。

3、有潔癖，行事周密，有條不紊。一旦執行之事，不會半途而廢，是勞力型的人。

4、此星命的人，自幼即有老年人的心態，也欲與年長的人交往，適宜接受有能力者的指揮，是秘書型的輔佐人物。

5、坤屬母，其發展期較晚，大多在四十五歲以後。

如果您是三震命這輩子都會有以下這些特質

三碧震木：

1、為祿存星，為北斗第三星，主宰爵位、貴壽，有解厄制化之功。

2、於卦為震，表行動力、明朗、活躍、前進。

3、三碧木星出生之人，個性浮動急躁，易發脾氣，但平和也快。

4、有任性輕率的性格，言語正直，好惡分明，感情的起伏也大。

5、用之不當，則成好勇鬥狠之士，因此又名「蚩尤」星或「賊星」。

6、震為長男，三十歲以前就會在社會上展現其能力與才華。

如果您是四巽命這輩子都會有以下這些特質

四綠巽木：

1、為文曲星，為登科甲第之星，主文學、藝術、考試，其本質是信用、和諧、貞節。
2、四綠木星出生之人，個性柔和、仁慈，說話有魅力，女人有嬌媚之態。
3、交際、親和力、外緣佳。
4、在錢財的運作方面較差。
5、命運的浮沉變化大，但失敗後也很快就能再爬起來。
6、情感婚姻方面應小心應對，否則容易有情感上的糾葛。
7、是屬早年運期的人，易有外出、旅行、漂泊等活動。

五黃土星：

1、名皇極、太極，為主宰、為天也，位於至尊。
2、以五黃土為本命星的人，先天具備有領導眾人的氣質。
3、個性堅忍不拔，刻苦耐勞，是大器晚成的人。
4、對事物的看法很實際，沒什麼想像力，是一個實踐家，而非夢想家。
5、逢此命星之人，凡事不要太固執己見，心胸放寬，不必為小事費周章，自然會受人敬重。

如果您是六乾命這輩子都會有以下這些特質

六白乾金：

1、為武曲星，為先天之元氣，即無形之能量、生機也。

2、主司財帛、福祿，亦為官星。

3、凡此命星之人，品格高尚，溫雅斯文，排斥下賤的工作，常被視為驕傲。

4、較不服從他人領導，因此易與長官起對立，但是很照顧部下。

5、若能從事文藝、教育、宗教等事業發展，則容易展現其聲望。

6、乾為父，其運勢之發展，屬晚年運的人。

如果您是七兌命這輩子都會有以下這些特質

七赤兌金：

1、為破軍星，兌卦屬金，有變化、改革、銳利、鬥爭、口舌是非之象。

2、亦主歡悅、色情娛樂、誘惑，或恩澤、德澤之情。

3、值此命星之人，言詞多，能說善辯，處理事物敏捷，但也善變。

4、追求虛榮，華而不實，常因多情，而影響夫妻關係。

如果您是八艮命這輩子都會有以下這些特質

八白艮土：

1、為左輔星，艮卦有停止、安靜、限制、保守、退守、儲藏、等待之意涵。

2、艮為少男，亦主蒙昧、幼稚，乏人世歷練，然而有蓬勃朝氣。

3、值此命星之人，外柔內剛、待人溫和、性情穩重，做事有始有終。

4、行事過於謹慎小心，且又固執己見，常會失去好機會。

如果您是九離命這輩子都會有以下這些特質

九紫離火：

1、為右弼星，離卦屬火，主光明、美麗、向外表現、文明。

2、其性外剛內柔，外實內虛。值此命星之人，好修外表，聰明活潑，感覺敏銳，善於應對進退、巴結、討好人心。

3、處事態度稍嫌草率，情緒不穩定，心思外放，晚年易過孤獨寂寞的日子。

4、自己明巧能幹，對屬下較不知體恤，因此少有親近知己的朋友。

5、離為中女，運勢的發展期在中年。

第十一節

流年九星斷宅運

本節的重點就是以該年九宮飛星為基礎，尋找五黃在哪個方位，再用該方位是屬八宅（該宅）的什麼星，而當年碰到該星大概會有什麼現象。

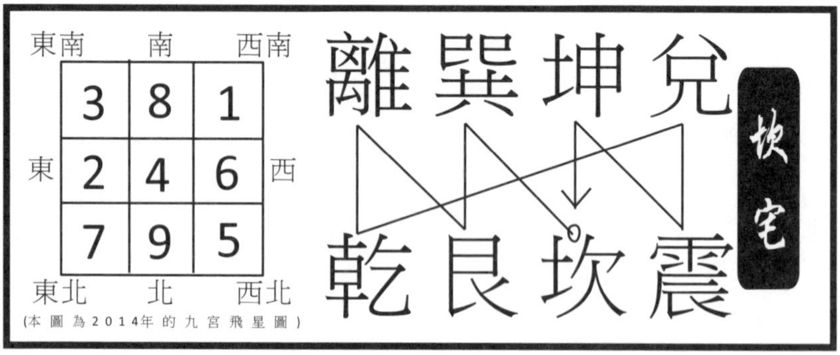

例如：

2014年的五黃恰是坎宅的六煞方，所以有一句古書云：

六煞陰人死，走狗火焚莊，官事六畜損，陰人不常久，相生賊火有，犯剋也不祥。

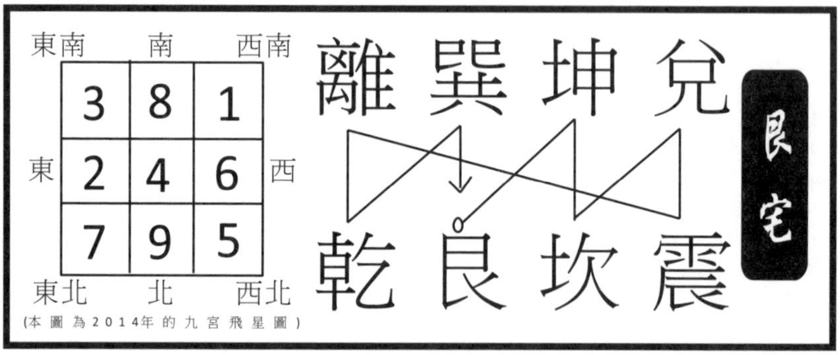

例如：2014年的五黃恰是艮宅的天醫方，所以有一句古書云：

天醫是福神，見宅三子生，相剋死二子，置田三段成，善人家中有，唸佛好看經，花蛇入宅吉，百事稱心情。

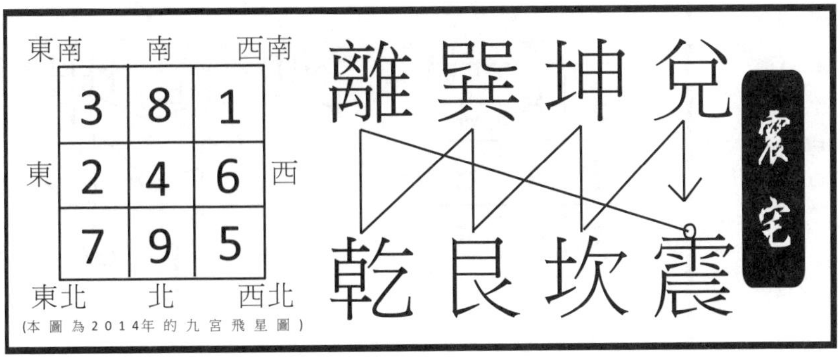

(本圖為2014年的九宮飛星圖)

例如：

2014年的五黃恰是震宅的五鬼方，所以有一句古書云：

五鬼亂火賊，陰人少有傷，家中小口命，見死五口人，賊火傷五次，點點暗三場，赤蛇號頭公，家中見不祥。

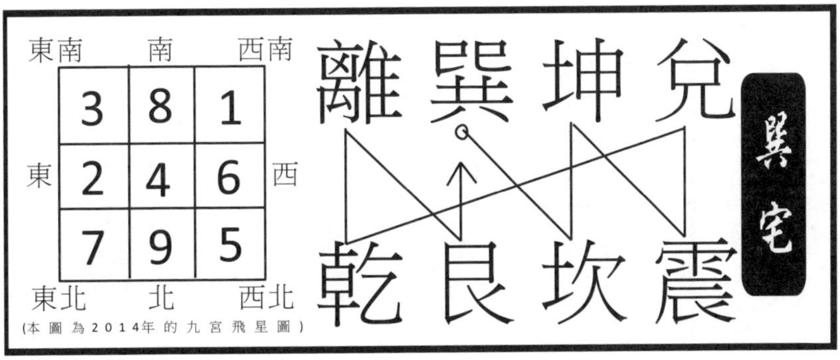

(本圖為2014年的九宮飛星圖)

例如：2014年的五黃恰是巽宅的禍害方，所以有一句古書云：

禍害陰人死，見死有三人，風病兼禿瞎，家中快夢驚，弟兄多不和，蟲蛇入宅中，相生禍事少，相剋定見凶。

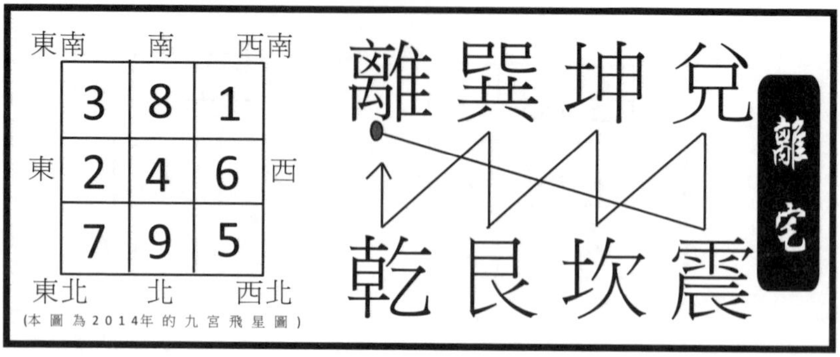

例如：2014年的五黃恰是離宅的絕命方，所以有一句古書云：

絕命生凶星，長房有災迍，明五暗六盜，三火九傷人，紅花蛇蟲見，家內不安寧。

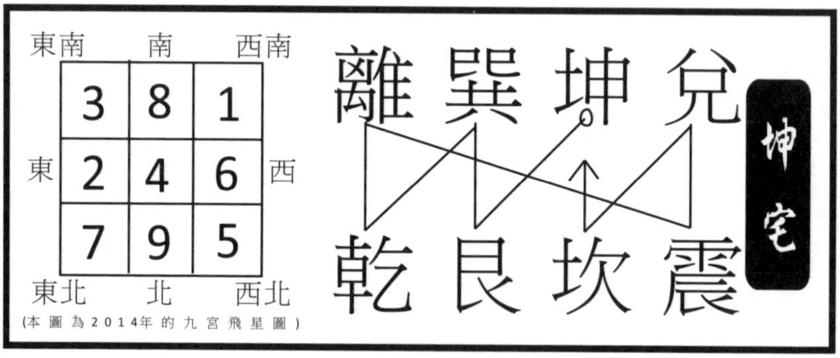

例如：2014年的五黃恰是坤宅的延年方，所以有一句古書云：

延年號武曲，小房多發跡，白蛇入宅中，生產必是男，其家漸漸興。

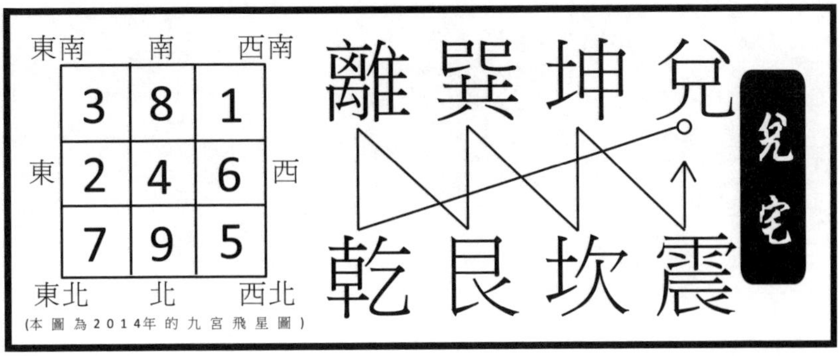

例如：2014年的五黃恰是兌宅的生氣方，所以有一句古書云：

生氣貪狼星，其家人口有，萬事多大吉，相生多稱意，刺蝟多大吉，遇剋多受剋，小口多災病，五黃在宅中，青蛇入宅中，生財漸漸興，相剋半中平。

【第二章】屋宅各方位吉凶詳述

首先用羅盤或指南針，站在房子正中心後量出房子的八大方位，就可得知八宅方位，以便做更正確的判斷。

本派陽宅吉凶論法，是以八宅明鏡做為論斷基礎，即八種坐向的住宅。八宅派起源於唐朝，盛行於宋朝，宋朝以後，這一流派代代相傳，竟在陽宅相中獨佔魁首，深入人心，以下就一般房子需注重的一些細節，一一詳述，以做為陽宅規劃之參考。

一、東四宅歌訣：

震巽坎離是一家，西四宅爻莫犯他；
若還一氣修成象，子孫興旺定榮華。

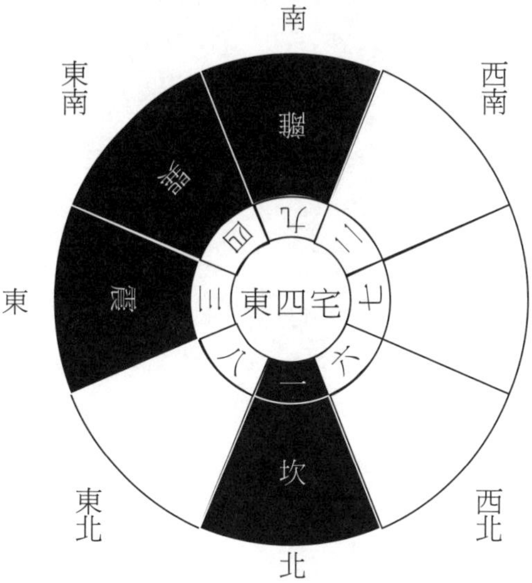

二、西四宅歌訣：

乾坤艮兌四宅同，東四卦爻不可逢；
誤將他象混一屋，人口傷亡禍必重。

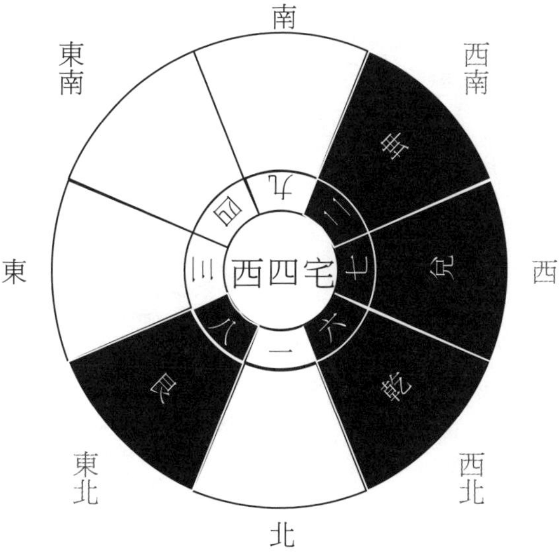

請先算出自己是什麼命卦之後，再量出您辦公桌的方位或所住的房間卦位是什麼神煞，影響如何，如何制煞。如果還不會或不知道怎麼算，請看【第一章第六節】各命卦及方位神煞算法，自可理解。

第一節

住在四吉方與四凶方現象解釋

1、如果您是住在（生氣方）：貪狼方的房間

這個方位的氣是屬木星、上吉。

長期在這方位可感應：積極奮發、官貴旺宅、吉慶有餘、一帆風順。具活動力，對於元氣提升有積極的作用，充滿霸氣，與異性約會機會增加，生育能力也增強。

2、如果您是住在（天醫方）：巨門方的房間

這個方位的氣是屬土星、中吉。

長期在這方位可感應：家宅興旺、無病消災、平安健康、一團和氣。生活安定，可以從煩惱中解脫，身體健康，出外遇貴人。

3、如果您是住在（延年方）：武曲方的房間

這個方位的氣是屬金星、上吉。

長期在這方位可感應：春風和氣、感情美滿、長壽財廣、安居樂業。養成協調性、說服力、忍耐力增強，充滿自信心，了解人性善良的一面，一切都很幸福美滿，可在各方面獲得滿足。

4、如果您是住在（伏位方）：輔弼方的房間

這個方位的氣是屬木星、小吉。

長期在這方位可感應：家庭和樂、持家有成、和緩穩重、福分有得。可儲蓄自己的經濟能力，對家庭責任感增強，家庭圓滿，性慾需求減少。

5、如果您是住在（絕命方）：破軍方的房間

這個方位的氣是屬金星、大凶。

長期在這方位可感應：憂鬱寡歡、是非連年、財散損壽、健康堪慮。長期間處於絕命方的人，會表現出憂愁、絕望、矛盾的情節，將自己陷於谷底有如罪人一般，恐怕會導致精神錯亂或身體疾病，有時也會受靈障所苦。

在身體疾病方面要注意：呼吸系統、肺、大腸、筋骨痠痛、牙齒、氣管炎、容易感冒、便秘等症狀。

可佩戴【延年】的轉運金牌，自然可解。

6、如果您是住在（五鬼方）：廉貞方的房間

這個方位的氣是屬火星、大凶。

長期在這方位可感應：失竊火災、破財病厄、狂暴受害、失運落魄。長期犯五鬼的人會導致判斷錯誤、與人爭吵，甚至損失金錢、官司纏身、發生火災，由於和家人對立，為錯誤所苦，便會引來家人的不滿，再持續下去則會精神崩潰。

在身體疾病方面要注意：血液循環系統、心臟血管、血壓、眼睛、小腸、傷寒、心律不整等症狀。

可佩戴【天醫】的轉運金牌，自然可解。

7、如果您是住在（禍害方）：祿存方的房間

這個方位的氣是屬土星、次凶。

長期在這方位可感應：意外橫生、破財劫災、雜亂無章、運勢受阻。長期犯禍害方的人，整日被雜事所煩，搞得神經錯亂，而且容易被騙、疲勞、鬥志全無。

在身體疾病方面要注意：消化系統、脾胃、腹脅、糖尿病、虛黃瘟疚等症狀。

可佩戴【伏位】的轉運金牌，自然可解。

8、如果您是住在（六煞方）：文曲方的房間

這個方位的氣是屬水星、次凶。

長期在這方位可感應：恃勢驕縱、損財敗財、聲色娛樂、諸事不順。長期犯六煞的人，心理會失去平衡、整日悶悶不樂，容易與人起爭執，特別是不把人當人看，對於財運和健康都不好。

在身體疾病方面要注意：泌尿系統、腎臟、膀胱、腰痠、子宮、卵巢、遺精白濁等症狀。

可佩戴【生氣】的轉運金牌，自然可解。

第二節 如何變換四凶方的方法

再怎麼好的建築，或是具有獨特的創意設計，都一定有四吉方（生氣、天醫、延年、伏位），相對的也有四凶方（絕命、五鬼、六煞、禍害）。

若是大門、寢室、床位、辦公桌、沙發座椅、灶向、電器用品等位在四凶方，基於趨吉避凶的原則，可以將四凶位轉化成四吉位，變換四凶方的各個方法不同，千萬別弄錯了。即使不能改變大門的方向或位置，也可以調整寢室或電器用品的方位，達到「轉禍為福」的目的。

四凶位不好的現象，要以四吉位來做轉化，以「天醫制五鬼」、「延年壓絕命」、「生氣化六煞」、「伏位擒禍害」，亦即以改變門位、灶向、神位、床位、電器用品之方法予以制之。

第三節 變換絕命方的方法

1、【某某某】如果您本命卦為「坎」命。

長期間處於絕命方（西南方）的人，會表現出憂愁、絕望、矛盾的情節，將自己陷於谷底有如罪人一般，立於四面楚歌之中，恐怕會導致精神錯亂或身體疾病。

制化「絕命方」的是「延年方」，只要改正此方位，即可養成忍耐、理解他人立場、受人歡迎、增加思考能力、樂觀，成為身心健全的人。

可從西南方的絕命方，轉變為南方的延年方，或佩戴【延年】的轉運金牌，自然可解。

（如果需要轉運金牌的詳細資料可來電詢問）

2、【某某某】如果您本命卦為「坤」命。

長期間處於絕命方（北方）的人，會表現出憂愁、絕望、矛盾的情節，將自己陷於谷底有如罪人一般，立於四面楚歌之中，恐怕會導致精神錯亂或身體疾病。

制化「絕命方」的是「延年方」，只要改正此方位，即可養成忍耐、理解他人立場、受人歡迎、增加思考能力、樂觀，成為身心健全的人。

可從北方的絕命方，轉變為西北方的延年方，或佩戴【延年】的轉運金牌，自然可解。

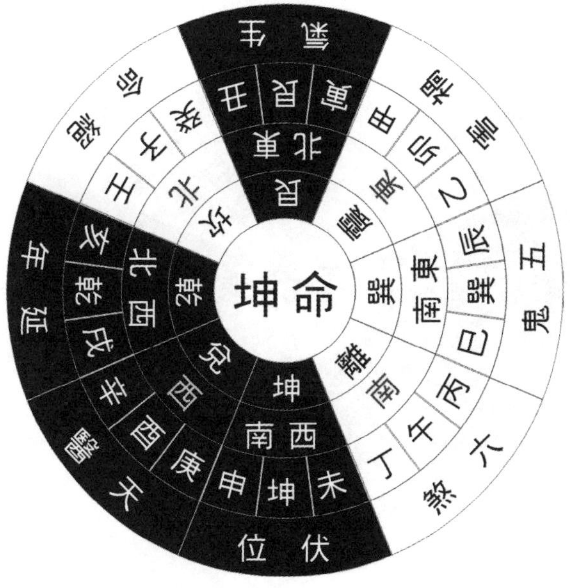

3、【某某某】如果您本命卦為「震」命。

長期間處於絕命方（西方）的人，會表現出憂愁、絕望、矛盾的情節，將自己陷於谷底有如罪人一般，立於四面楚歌之中，恐怕會導致精神錯亂或身體疾病。制化「絕命方」的是「延年方」，只要改正此方位，即可養成忍耐、理解他人立場、受人歡迎、增加思考能力、樂觀，成為身心健全的人。

可從西方的絕命方，轉變為東南方的延年方，或佩戴【延年】的轉運金牌，自然可解。

4、【某某某】如果您本命卦為「巽」命。

長期間處於絕命方（東北方）的人，會表現出憂愁、絕望、矛盾的情節，將自己陷於谷底有如罪人一般，立於四面楚歌之中，恐怕會導致精神錯亂或身體疾病。

制化「絕命方」的是「延年方」，只要改正此方位，即可養成忍耐、理解他人立場、受人歡迎、增加思考能力、樂觀，成為身心健全的人。

可從東北的絕命方，轉變為東方的延年方，或佩戴【延年】的轉運金牌，自然可解。

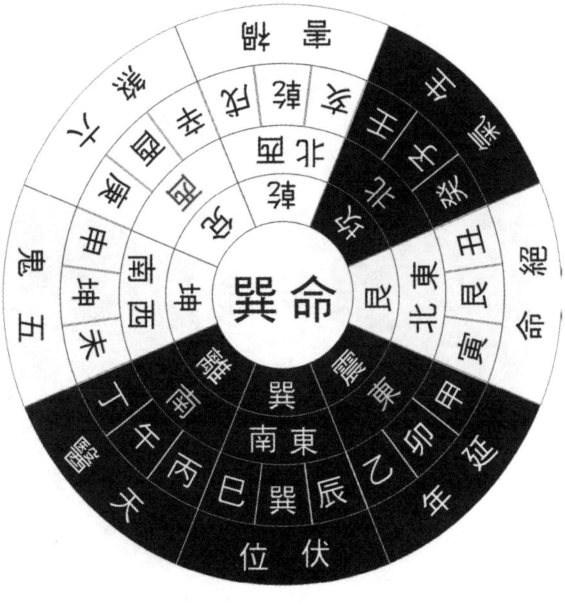

5、【某某某】如果您本命卦為「乾」命。

長期間處於絕命方（南方）的人，會表現出憂愁、絕望、矛盾的情節，將自己陷於谷底有如罪人一般，立於四面楚歌之中，恐怕會導致精神錯亂或身體疾病。制化「絕命方」的是「延年方」，只要改正此方位，即可養成忍耐、理解他人立場、受人歡迎、增加思考能力、樂觀，成為身心健全的人。

可從南方的絕命方，轉變為西南方的延年方，或佩戴【延年】的轉運金牌，自然可解。

6、【某某某】如果您本命卦為「兌」命。

長期間處於絕命方（東方）的人，會表現出憂愁、絕望、矛盾的情節，將自己陷於谷底有如罪人一般，立於四面楚歌之中，恐怕會導致精神錯亂或身體疾病。

制化「絕命方」的是「延年方」，只要改正此方位，即可養成忍耐、理解他人立場、受人歡迎、增加思考能力、樂觀，成為身心健全的人

可從東方的絕命方，轉變為東北方的延年方，或佩戴【延年】的轉運金牌，自然可解。

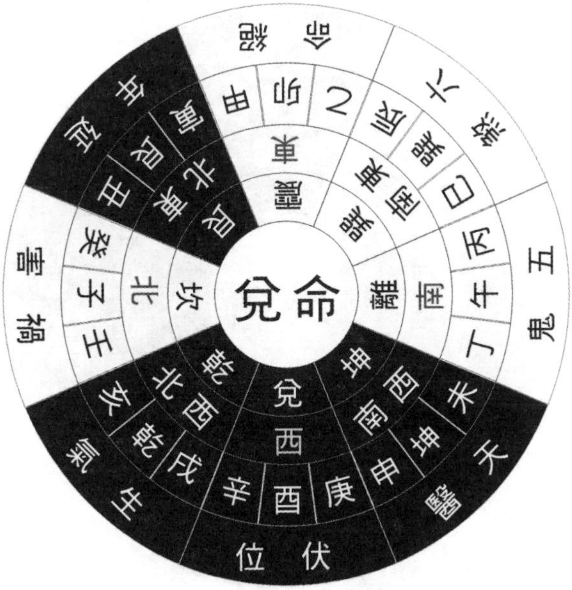

7、【某某某】如果您本命卦為「艮」命。

長期間處於絕命方（東南方）的人，會表現出憂愁、絕望、矛盾的情節，將自己陷於谷底有如罪人一般，立於四面楚歌之中，恐怕會導致精神錯亂或身體疾病。

制化「絕命方」的是「延年方」，只要改正此方位，即可養成忍耐、理解他人立場、受人歡迎、增加思考能力、樂觀，成為身心健全的人。

可從東南方的絕命方，轉變為西方的延年方，或佩戴【延年】的轉運金牌，自然可解。

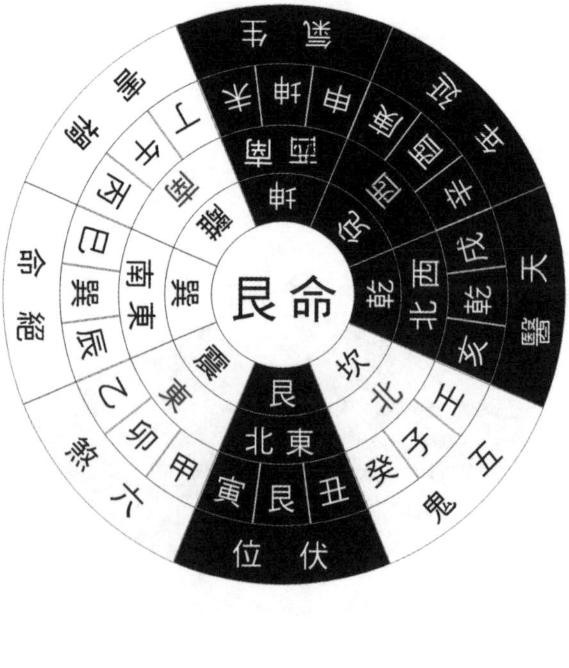

8、【某某某】如果您本命卦為「離」命。

長期間處於絕命方（西北方）的人，會表現出憂愁、絕望、矛盾的情節，將自己陷於谷底有如罪人一般，立於四面楚歌之中，恐怕會導致精神錯亂或身體疾病。

制化「絕命方」的是「延年方」，只要改正此方位，即可養成忍耐、理解他人立場、受人歡迎、增加思考能力、樂觀，成為身心健全的人。

可從西北方的絕命方，轉變為北方的延年方，或佩戴【延年】的轉運金牌，自然可解。

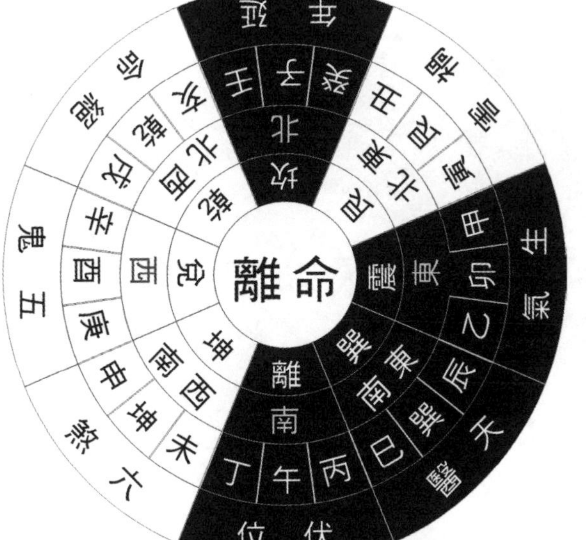

第四節 變換五鬼方的方法

1、【某某某】如果您本命卦為「坎」命。

長期住在五鬼（東北方）的人會導致判斷錯誤、與人爭吵，甚至損失金錢、官司纏身、發生火災，由於和家人對立、為錯誤所苦，便會引來家人的不滿，再持續下去則精神崩潰，沉溺在不幸的深淵當中。

制化「五鬼方」的是「天醫方」，改正方位後，判斷不再錯誤、人際關係不再惡化、情緒穩定、心情開朗，由於身體健康，自然而然地和家人相處良好，對立、官司也會煙消雲散。

可從東北方的五鬼方，轉變為東方的天醫方，或佩戴【天醫】的轉運金牌，自然可解。

2、【某某某】如果您本命卦為「坤」命。

長期住在五鬼（東南方）的人會導致判斷錯誤、與人爭吵，甚至損失金錢、官司纏身、發生火災，由於和家人對立、為錯誤所苦，便會引來家人的不滿，再持續下去則精神崩潰，沉溺在不幸的深淵當中。

制化「五鬼方」的是「天醫方」，改正方位後，判斷不再錯誤、人際關係不再惡化、情緒穩定、心情開朗，由於身體健康，自然而然地和家人相處良好，對立、官司也會煙消雲散。

可從東南方的五鬼方，轉變為西方的天醫方，或佩戴【天醫】的轉運金牌，自然可解。

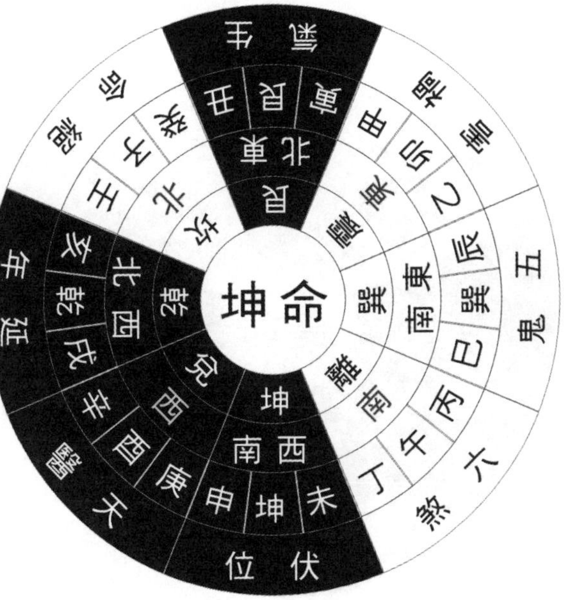

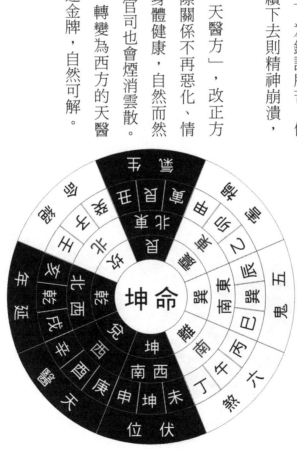

3、【某某某】如果您本命卦為「震」命。

長期住在五鬼（西北方）的人會導致判斷錯誤、與人爭吵，甚至損失金錢、官司纏身、發生火災，由於和家人對立、為錯誤所苦，便會引來家人的不滿，再持續下去則精神崩潰，沉溺在不幸的深淵當中。

制化「五鬼方」的是「天醫方」，改正方位後，判斷不再錯誤、人際關係不再惡化、情緒穩定、心情開朗，由於身體健康，自然而然地和家人相處良好，對立、官司也會煙消雲散。

可從西北方的五鬼方，轉變為北方的天醫方，或佩戴【天醫】的轉運金牌，自然可解。

4、【某某某】如果您本命卦為「巽」命。

長期住在五鬼（西南方）的人會導致判斷錯誤、與人爭吵，甚至損失金錢、官司纏身、發生火災，由於和家人對立、為錯誤所苦，便會引來家人的不滿，再持續下去則精神崩潰，沉溺在不幸的深淵當中。

制化「五鬼方」的是「天醫方」，改正方位後，判斷不再錯誤、人際關係不再惡化、情緒穩定、心情開朗，由於身體健康，自然而然地和家人相處良好，對立、官司也會煙消雲散。

可從西南方的五鬼方，轉變為南方的天醫方，或佩戴【天醫】的轉運金牌，自然可解。

5、【某某某】如果您本命卦為「乾」命。

長期住在五鬼（東方）的人會導致判斷錯誤、與人爭吵，甚至損失金錢、官司纏身、發生火災，由於和家人對立、為錯誤所苦，便會引來家人的不滿，再持續下去則精神崩潰，沉溺在不幸的深淵當中。

制化「五鬼方」的是「天醫方」，改正方位後，判斷不再錯誤、人際關係不再惡化、情緒穩定、心情開朗，由於身體健康，自然而然地和家人相處良好，對立、官司也會煙消雲散。

可從東方的五鬼方，轉變為東北方的天醫方，或佩戴【天醫】的轉運金牌，自然可解。

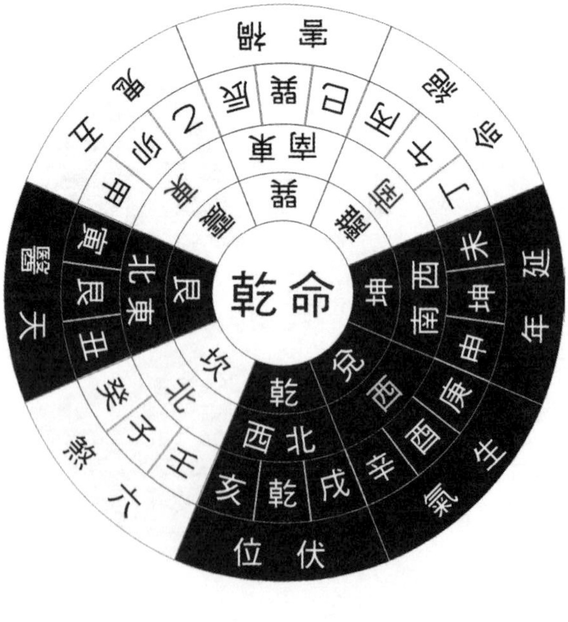

6、【某某某】如果您本命卦為「兌」命。

長期住在五鬼（南方）的人會導致判斷錯誤、與人爭吵，甚至損失金錢、官司纏身、發生火災，由於和家人對立、為錯誤所苦，便會引來家人的不滿，再持續下去則精神崩潰，沉溺在不幸的深淵當中。

制化「五鬼方」的是「天醫方」，改正方位後，判斷不再錯誤、人際關係不再惡化、情緒穩定、心情開朗，由於身體健康，自然而然地和家人相處良好，對立、官司也會煙消雲散。

可從南方的五鬼方，轉變為西南方的天醫方，或佩戴【天醫】的轉運金牌，自然可解。

7、【某某某】如果您本命卦為「艮」命。

長期住在五鬼（北方）的人會導致判斷錯誤、與人爭吵，甚至損失金錢、官司纏身、發生火災，由於和家人對立、為錯誤所苦，便會引來家人的不滿，再持續下去則精神崩潰，沉溺在不幸的深淵當中。

制化「五鬼方」的是「天醫方」，改正方位後，判斷不再錯誤、人際關係不再惡化、情緒穩定、心情開朗，由於身體健康，自然而然地和家人相處良好，對立、官司也會煙消雲散。

可從北方的五鬼方，轉變為西北方的天醫方，或佩戴【天醫】的轉運金牌，自然可解。

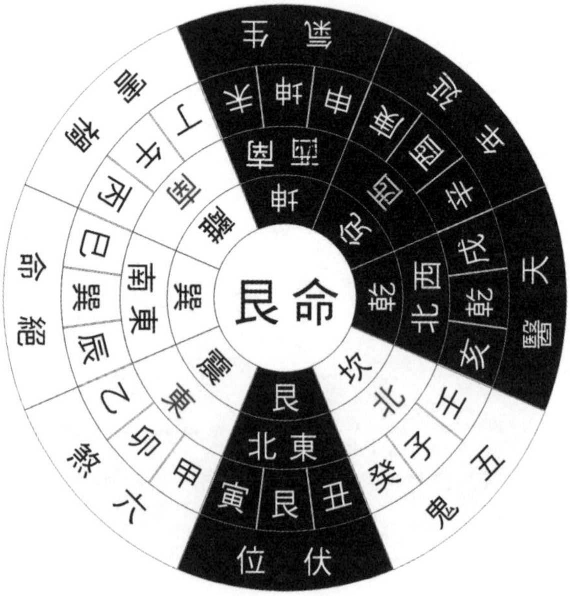

8、【某某某】如果您本命卦為「離」命。

長期住在五鬼（西方）的人會導致判斷錯誤、與人爭吵，甚至損失金錢、官司纏身、發生火災，由於和家人對立、為錯誤所苦，便會引來家人的不滿，再持續下去則精神崩潰，沉溺在不幸的深淵當中。

制化「五鬼方」的是「天醫方」，改正方位後，判斷不再錯誤、人際關係不再惡化、情緒穩定、心情開朗，由於身體健康，自然而然地和家人相處良好，對立、官司也會煙消雲散。

可從西方的五鬼方，轉變為東南方的天醫方，或佩戴【天醫】的轉運金牌，自然可解。

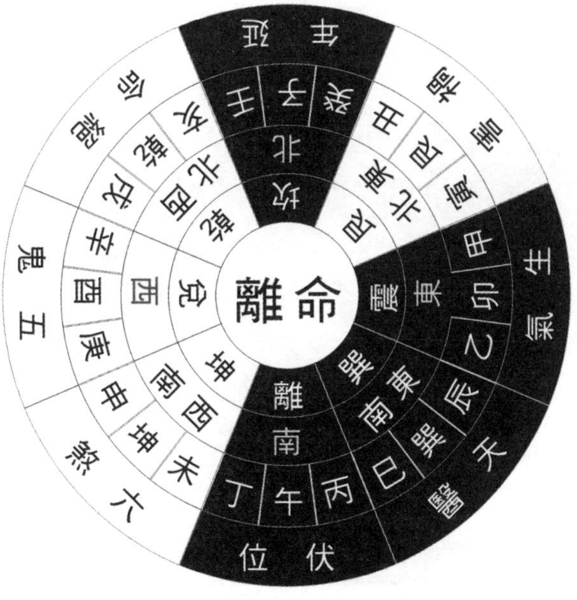

第五節 變換六煞方的方法

1、【某某某】如果您本命卦為「坎」命。

長期住在六煞（西北方）的人，心理會失去平衡、整日悶悶不樂，容易與人起爭執，特別是不把人當人看，對於財運和健康都不好。

制化「六煞方」的是「生氣方」，改正此方位後，便會覺得神清氣爽，對人不會產生厭惡，不但可以培育出優秀的小孩，財運也會愈來愈旺盛，連自己都感覺到以前的災難消失了。

可從西北方的六煞方，轉變為東南方的生氣方，或佩戴【生氣】的轉運金牌，自然可解。

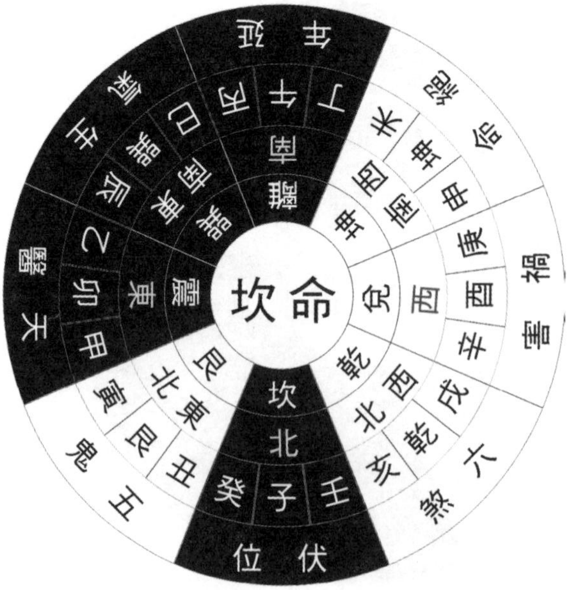

2、【某某某】如果您本命卦為「坤」命。

長期住在六煞（南方）的人，心理會失去平衡、整日悶悶不樂，容易與人起爭執，特別是不把人當人看，對於財運和健康都不好。

制化「六煞方」的是「生氣方」，改正此方位後，便會覺得神清氣爽，對人不會產生厭惡，不但可以培育出優秀的小孩，財運也會愈來愈旺盛，連自己都感覺到以前的災難消失了。

可從南方的六煞方，轉變為東北方的生氣方，或佩戴【生氣】的轉運金牌，自然可解。

3、【某某某】如果您本命卦為「震」命。

長期住在六煞（東北方）的人，心理會失去平衡、整日悶悶不樂，容易與人起爭執，特別是不把人當人看，對於財運和健康都不好。

制化「六煞方」的是「生氣方」，改正此方位後，便會覺得神清氣爽，對人不會產生厭惡，不但可以培育出優秀的小孩，財運也會愈來愈旺盛，連自己都感覺到以前的災難消失了。

可從東北方的六煞方，轉變為南方的生氣方，或佩戴【生氣】的轉運金牌，自然可解。

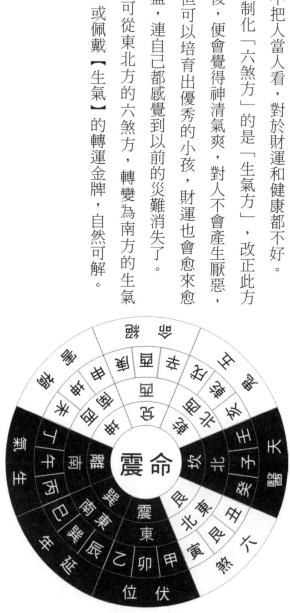

4、【某某某】如果您本命卦為「巽」命。

長期住在六煞（西方）的人，心理會失去平衡、整日悶悶不樂，容易與人起爭執，特別是不把人當人看，對於財運和健康都不好。

制化「六煞方」的是「生氣方」，改正此方位後，便會覺得神清氣爽，對人不會產生厭惡，不但可以培育出優秀的小孩，財運也會愈來愈旺盛，連自己都感覺到以前的災難消失了。

可從西方的六煞方，轉變為北方的生氣方，或佩戴【生氣】的轉運金牌，自然可解。

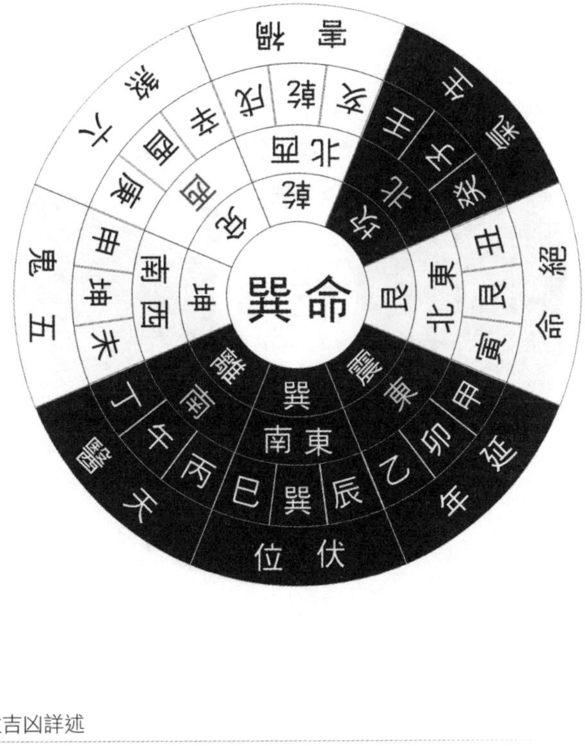

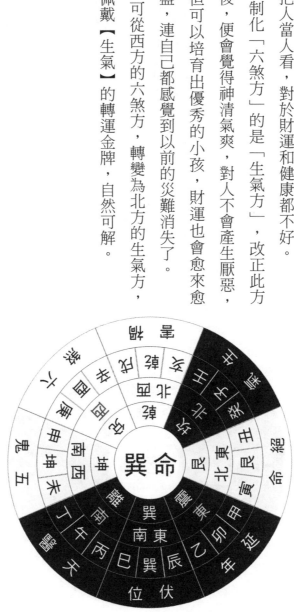

5、【某某某】如果您本命卦為「乾」命。

長期住在六煞（北方）的人，心理會失去平衡、整日悶悶不樂，容易與人起爭執，特別是不把人當人看，對於財運和健康都不好。

制化「六煞方」的是「生氣方」，改正此方位後，便會覺得神清氣爽，對人不會產生厭惡，不但可以培育出優秀的小孩，財運也會愈來愈旺盛，連自己都感覺到以前的災難消失了。

可從北方的六煞方，轉變為西方的生氣方，或佩戴【生氣】的轉運金牌，自然可解。

6、【某某某】如果您本命卦為「兌」命。

長期住在六煞（東南方）的人，心理會失去平衡、整日悶悶不樂，容易與人起爭執，特別是不把人當人看，對於財運和健康都不好。

制化「六煞方」的是「生氣方」，改正此方位後，便會覺得神清氣爽，對人不會產生厭惡，不但可以培育出優秀的小孩，財運也會愈來愈旺盛，連自己都感覺到以前的災難消失了。

可從東南方的六煞方，轉變為西北方的生氣方，或佩戴【生氣】的轉運金牌，自然可解。

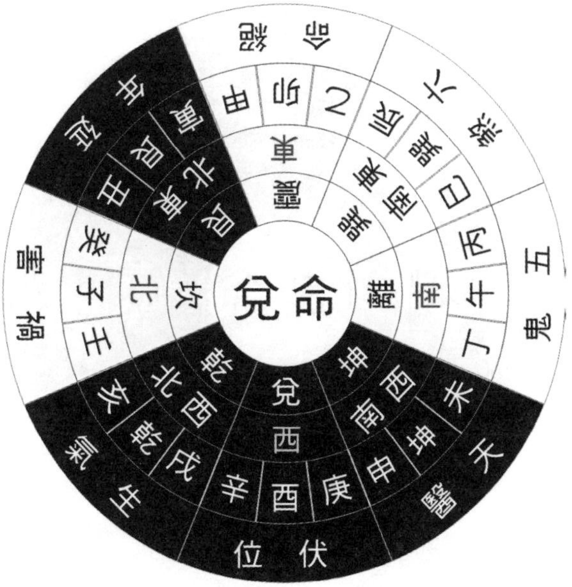

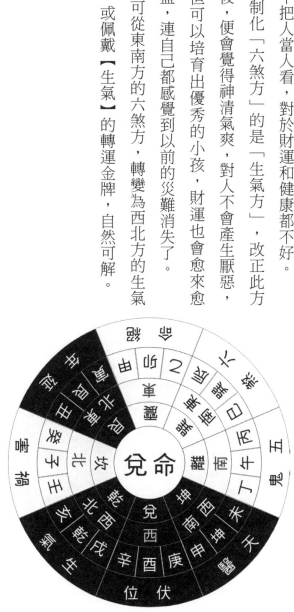

7、【某某某】如果您本命卦為「艮」命。

長期住在六煞（東方）的人，心理會失去平衡、整日悶悶不樂，容易與人起爭執，特別是不把人當人看，對於財運和健康都不好。

制化「六煞方」的是「生氣方」，改正此方位後，便會覺得神清氣爽，對人不會產生厭惡，不但可以培育出優秀的小孩，財運也會愈來愈旺盛，連自己都感覺到以前的災難消失了。

可從東方的六煞方，轉變為西南方的生氣方，或佩戴【生氣】的轉運金牌，自然可解。

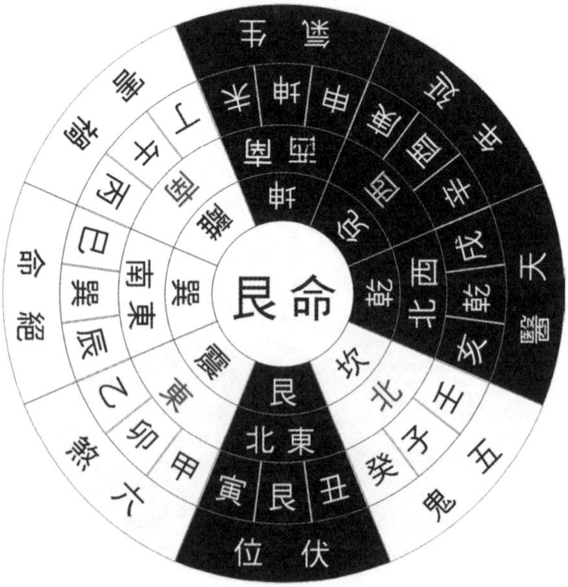

8、【某某某】如果您本命卦為「離」命。

長期住在六煞（西南方）的人，心理會失去平衡、整日悶悶不樂，容易與人起爭執，特別是不把人當人看，對於財運和健康都不好。

制化「六煞方」的是「生氣方」，改正此方位後，便會覺得神清氣爽，對人不會產生厭惡，不但可以培育出優秀的小孩，財運也會愈來愈旺盛，連自己都感覺到以前的災難消失了。

可從西南方的六煞方，轉變為東方的生氣方，或佩戴【生氣】的轉運金牌，自然可解。

第六節 變換禍害方的方法

1、【某某某】如果您本命卦為「坎」命。

長期住在禍害方（西方）的人，整日被雜事所煩，搞得神經錯亂，而且容易被騙、疲勞、鬥志全無。

制化「禍害方」的是「伏位方」，方位改正之後，便覺得情緒安定，從緊張中解放出來，與人相處和睦，警覺到自己的責任感，為了家庭努力工作。

可從西方的禍害方，轉變為北方的伏位方，或佩戴【伏位】的轉運金牌，自然可解。

2、【某某某】如果您本命卦為「坤」命。

長期住在禍害方（東方）的人，整日被雜事所煩，搞得神經錯亂，而且容易被騙、疲勞、鬥志全無。

制化「禍害方」的是「伏位方」，方位改正之後，便覺得情緒安定，從緊張中解放出來，與人相處和睦，警覺到自己的責任感，為了家庭努力工作。

可從東方的禍害方，轉變為西南方的伏位方，或佩戴【伏位】的轉運金牌，自然可解。

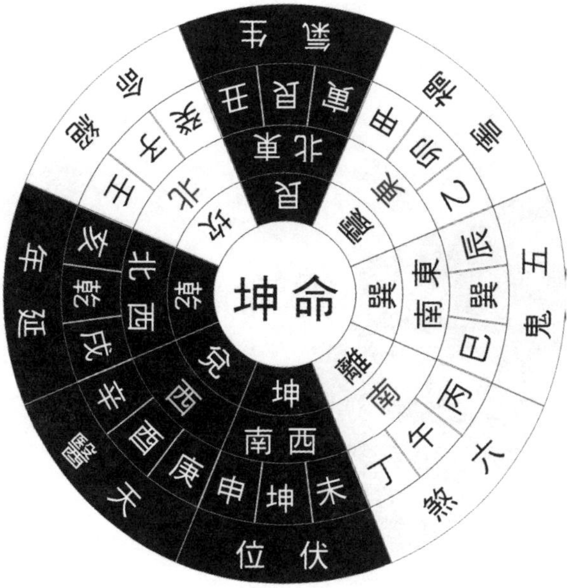

3、【某某某】如果您本命卦為「震」命。

長期住在禍害方（西南方）的人，整日被雜事所煩，搞得神經錯亂，而且容易被騙、疲勞、鬥志全無。

制化「禍害方」的是「伏位方」，方位改正之後，便覺得情緒安定，從緊張中解放出來，與人相處和睦，警覺到自己的責任感，為了家庭努力工作。

可從西南方的禍害方，轉變為東方的伏位方，或佩戴【伏位】的轉運金牌，自然可解。

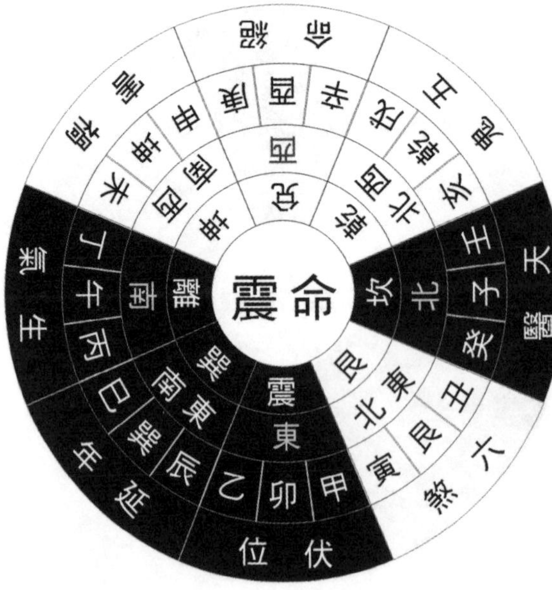

4、【某某某】如果您本命卦為「巽」命。

長期住在禍害方（西北方）的人，整日被雜事所煩，搞得神經錯亂，而且容易被騙、疲勞、鬥志全無。

制化「禍害方」的是「伏位方」，方位改正之後，便覺得情緒安定，從緊張中解放出來，與人相處和睦，警覺到自己的責任感，為了家庭努力工作。

可從西北方的禍害方，轉變為東南方的伏位方，或佩戴【伏位】的轉運金牌，自然可解。

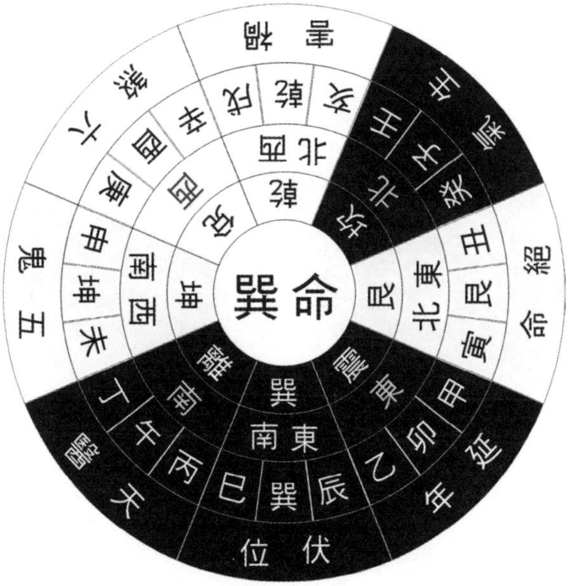

5、【某某某】如果您本命卦為「乾」命。

長期住在禍害方（東南方）的人，整日被雜事所煩，搞得神經錯亂，而且容易被騙、疲勞、鬥志全無。

制化「禍害方」的是「伏位方」，方位改正之後，便覺得情緒安定，從緊張中解放出來，與人相處和睦，警覺到自己的責任感，為了家庭努力工作。

可從東南方的禍害方，轉變為西北方的伏位方，或佩戴【伏位】的轉運金牌，自然可解。

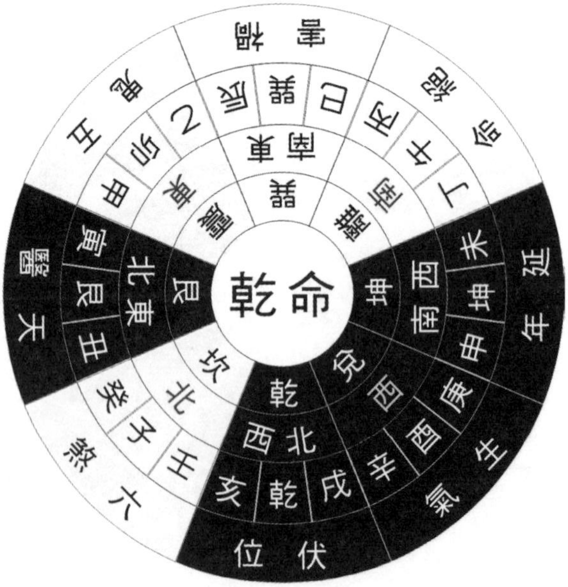

6、【某某某】如果您本命卦為「兌」命。

長期住在禍害方（北方）的人，整日被雜事所煩，搞得神經錯亂，而且容易被騙、疲勞、鬥志全無。

制化「禍害方」的是「伏位方」，方位改正之後，便覺得情緒安定，從緊張中解放出來，與人相處和睦，警覺到自己的責任感，為了家庭努力工作。

可從北方的禍害方，轉變為西方的伏位方，或佩戴【伏位】的轉運金牌，自然可解。

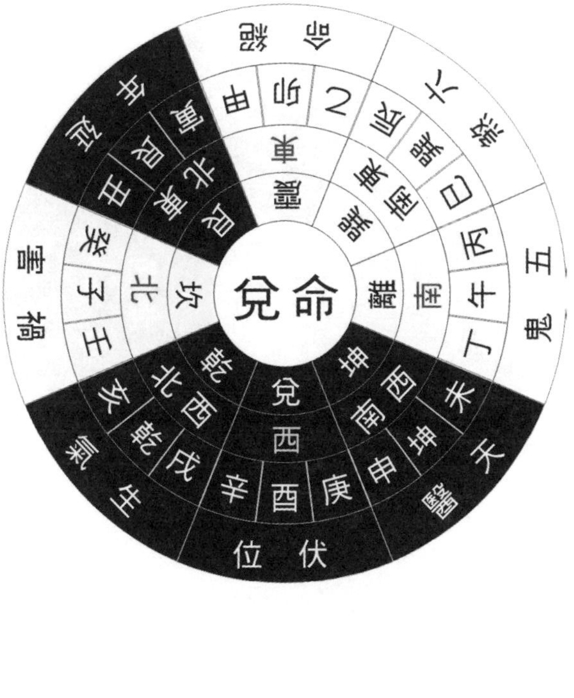

7、【某某某】如果您本命卦為「艮」命。

長期住在禍害方（南方）的人，整日被雜事所煩，搞得神經錯亂，而且容易被騙、疲勞、鬥志全無。

制化「禍害方」的是「伏位方」，方位改正之後，便覺得情緒安定，從緊張中解放出來，與人相處和睦，警覺到自己的責任感，為了家庭努力工作。

可從南方的禍害方，轉變為東北方的伏位方，或佩戴【伏位】的轉運金牌，自然可解。

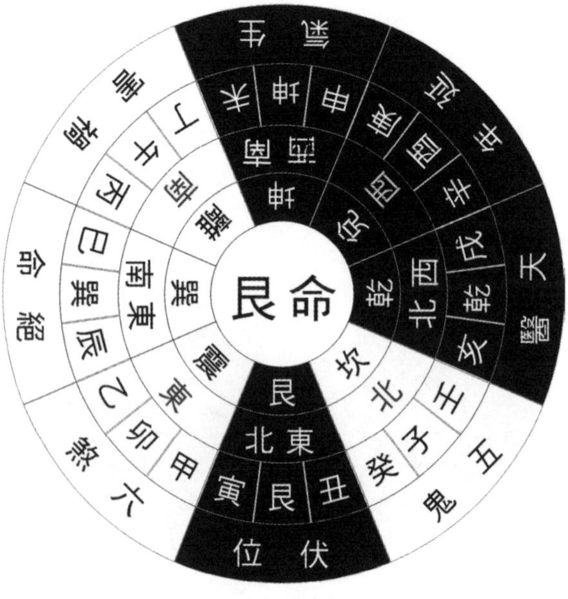

8、【某某某】如果您本命卦為「離」命。

長期住在禍害方（東北方）的人，整日被雜事所煩，搞得神經錯亂，而且容易被騙、疲勞、鬥志全無。

制化「禍害方」的是「伏位方」，方位改正之後，便覺得情緒安定，從緊張中解放出來，與人相處和睦，警覺到自己的責任感，為了家庭努力工作。

可從東北方的禍害方，轉變為南方的伏位方，或佩戴【伏位】的轉運金牌，自然可解。

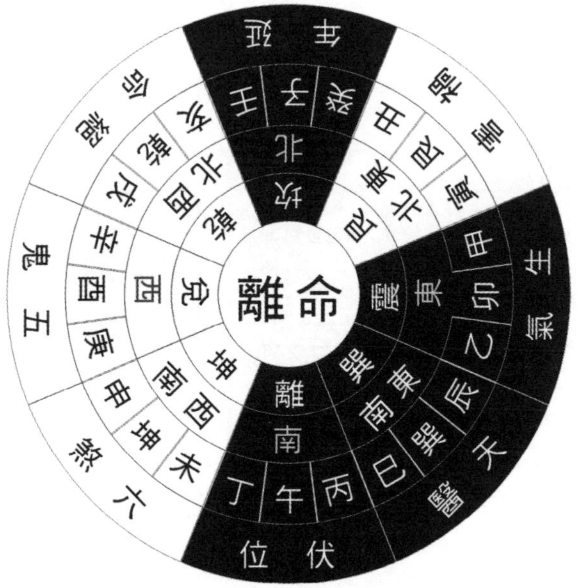

【後天八卦轉運金牌】

專門解決人命配卦及宅向不搭之吉祥物

卍卍卍卍卍 般若波羅蜜多心經 卍卍卍卍卍

觀自在菩薩。行深般若波羅蜜多時。照見五蘊皆空。度一切苦厄。舍利子。色不異空。空不異色。色即是空。空即是色。受想行識。亦復如是。舍利子。是諸法空相。不生不滅。不垢不淨。不增不減。是故空中無色。無受想行識。無眼耳鼻舌身意。無色聲香味觸法。無眼界。乃至無意識界。無無明。亦無無明盡。乃至無老死。亦無老死盡。無苦集滅道。無智亦無得。以無所得故。菩提薩埵。依般若波羅蜜多故。心無罣礙。無罣礙故。無有恐怖。遠離顛倒夢想。究竟涅槃。三世諸佛。依般若波羅蜜多故。得阿耨多羅三藐三菩提。故知般若波羅蜜多。是大神咒。是大明咒。是無上咒。是無等等咒。能除一切苦。真實不虛。故說般若波羅蜜多咒。即說咒曰。揭諦揭諦。波羅揭諦。波羅僧揭諦。菩提薩婆訶。

【第三章】八宅派廚房及爐灶方位吉凶論斷

第一節 陽宅造灶法

陽宅三要：「門、主、灶」。門就是大門，主就是主臥室，灶即是廚房。可見廚房在陽宅學當中，佔了很重要的地位。建屋造灶，關乎宅運的吉凶禍福甚巨，合者闔家安康，不合者凶厄難免。

陽宅秘奧云：「火門方忌作灶，主火災。寅午戌三山，臨官在巳，巳方為火門；申子辰三山，臨官在亥，亥方為火門；巳酉丑三山，臨官在申，申方為火門；亥卯位三山，臨官在寅，寅方為火門」。

陽宅造灶為座凶向吉，論點的原則為灶座只論方位，灶口只論向。瓦斯爐所在位置的坐山就是方位，亦即灶座；瓦斯爐開關就是向，亦

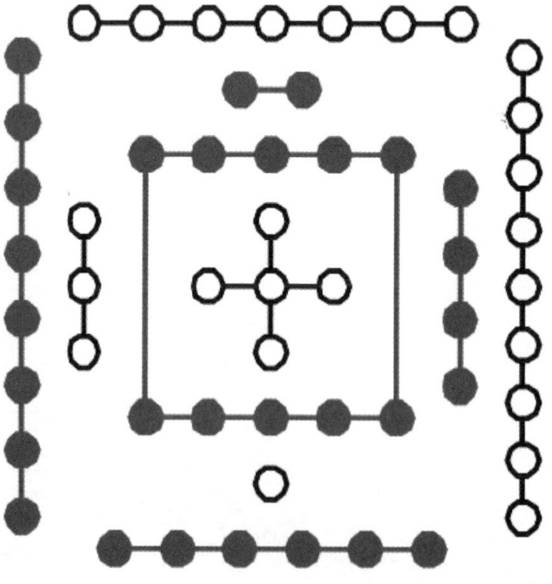

即灶向。

易經有八卦而宅有八個方位，有四吉方與四凶方，而人命也有東四命及西四命。造灶配合以宅主為主，催財者，灶壓本命六煞方，灶向本命延年方，主應一年內財利滾滾。催子者，灶可壓本命任何一處凶方，灶向本命生氣方，主應一年內有孕在身。

餐霞道人曰：「宅有東西四宅之分，如坎、離、震、巽為東四宅；乾、坤、艮、兌為西四宅。人之生年，亦照此分東西四命。如人係坎、離、震、巽東四命者，則灶座、烟囪宜壓西四方，灶門口宜向東四方為吉。人係乾、坤、艮、兌西四命者，則灶座、烟囪宜壓東四方，灶門口宜向西四方為吉，反此則凶」。

然余見人家灶有東西宜忌合法者，未盡獲福，何故？其弊有六：

1、在人已知東四命者，作東四向灶；西四命者，作西四向灶。而不知東四向中，亦有未盡善者；西四向中，亦有未盡合者。如震命，東四命也，座離向震向，俱屬東四向，陰陽配合故佳。若作坎向，也是屬於東四向，然而震為長男，坎為中男，俱屬陽卦，謂之獨陽不長。如離命作巽向，巽命作離向，謂之孤陰不生，故也未盡吉。如艮命，西四命也，作坤向、兌向，俱屬西四向，陰陽配合亦佳。若作乾向，亦屬西四向，然而艮為少陽，乾為老陽，俱屬陽卦，是謂獨陽不長。

倘若坤作兌向，兌作坤向，亦謂孤陰不生，何能發福。故四吉向中，惟生旺二向，陰陽不雜、夫婦配合，合此局者，主應家庭和睦，幸福美滿，夫妻恩愛，子女孝順，子女之間感情融洽，人際關係良好，人緣佳，身體健康，心情愉快，事業順利，貴人多助，家族興旺，是為上吉。其天醫向，可以祛病延年；伏位向，主於安穩。二者雖亦可發丁財，然終不若生旺二向之妙也，故曰：「孤陰不生，獨陽不長」。單數為陽，雙數為陰，如「河圖」之五方皆各俱陰陽之數，可知其孤陰不生，獨陽不長之理。

2、在不知男女命合看作灶之法，雖說主婦為掌廚者，然終究還是以宅主之命為驗，故男女東西四命相同者，故為合局。倘若男東四命而女為西四命，或男西四命而女為東四命者，就很難兩全其美，其法以男命為主。

如男命屬坎，則向巽離二方為美，而女命屬乾，卻以離為絕命，則灶向巽而不向離也。

男命屬艮，則以坤兌二方為美，而女命屬震，又以兌為絕命，則灶向坤而不向兌也，則男命取其生旺，女命只避絕命，即為合局。

3、在知向生、向旺，而忘灶座方應壓殺，反壓吉方，亦不能無害。如在面南屋內作灶，灶應向乾者，則灶座宜傍北壁，是為向西壓東；若傍西壁，則壓西四矣，吉凶參半。

4、不知屋外水法有誤，而造灶朝向者。若一宅之旁或屋外有流水來去，灶向喜迎來水為吉，倘若僅以向生、向旺佈局，而不察屋外來去之水，若係生旺向而對去水，則生氣失矣。

立旺向而對去水，則旺氣走矣，此法亦不可不知，但只就近臨河者為論，若灶與水有些距離，則不忌。

5、其間星之生、旺、死、退在於何方？此間之門係何星值門？灶向不能與間星、門星並論生剋，則雖合吉向，亦未必驗。

6、在不知年月吉凶，神煞臨方到向，若又作灶於殺位，又向殺星正值凶星得令，則福未得而禍先至。

應執各法門而用之，其應驗度便可提高。若每見於師，以座凶向吉惟一之論者，大可一笑置之。蓋因火門口，猶如住宅之大門，所謂氣口也，氣口為向，倘若氣口不佳，則禍福俱不能應。

又有不知灶卦之法，灶當合命為上，不知九星吉凶方位，以生旺為吉。但執通書上，灶入乾宮是滅門，亥壬子位損兒孫，數句板法。又依俗「燒東勿燒西，燒南勿燒北。」之言為人作灶，豈能迎福。

又坐身燒火處為柴倉，此即倉庫也。有門路對沖則財不聚；床灶若靠窗，錢財漏光光；床灶若壓樑，家人難安康；陽台露灶，家中無靠；灶口沖向門，財破心如焚；床後安灶，脾氣暴躁；爐上見浴廁，家人難和樂等等，不一而足。

第二節 廚房方位吉凶認定法

廚房的吉凶方位為坐凶較好、坐吉較不好，這是八宅派的理論，我們就照這個原理來論述吧！

東四宅者廚房位置適合坐東北方、西南方、西方、西北方（因為這四個方位是西四宅的方位，對東四宅是凶位）。

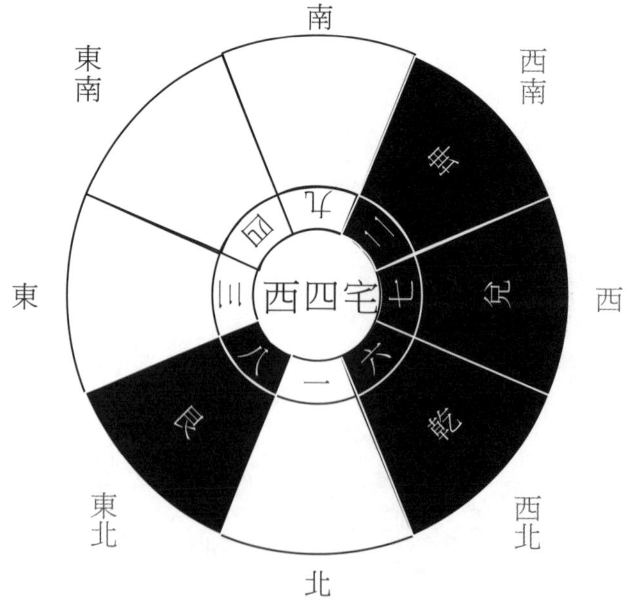

西四宅者廚房位置適合坐東方、南方、北方、東南方（因為這四個方位是東四宅的方位，對西四宅是凶位）。

如經診斷家中的廚房位在

壓（坐在）五鬼方：表示家境平安、財源得利。

壓（坐在）六煞方：表示家庭和諧、健康平安。

壓（坐在）禍害方：表示爭訟全無、財旺安康。

壓（坐在）絕命方：表示健康長壽、添丁發財。

壓（坐在）生氣方：表示人口不旺、敗丁破財。

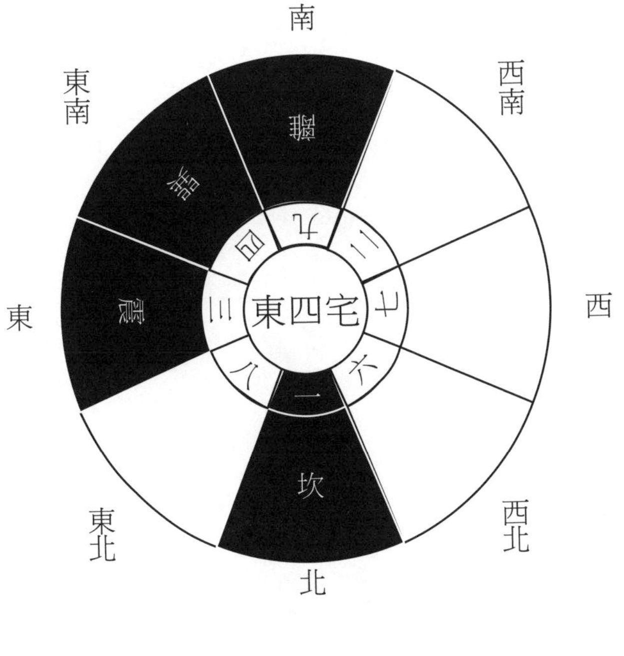

壓（坐在）延年方：表示破財不順、夫妻不睦。

壓（坐在）天醫方：表示體弱多病、財運受損。

壓（坐在）伏位方：表示諸事不順、勞頓損財。

第三節 爐灶坐向吉凶認定法

爐灶的吉凶方位為坐凶向吉（以宅主人命卦來論）。

東四命者爐灶位置適合坐東北方、西南方、西方、西北方，面向東方、南方、北方、東南方。

西四命者爐灶位置適合坐東方、南方、北方、東南方，面向東北方、西南方、西方、西北方。

因為爐灶的油煙不利健康，故壓在凶方；而灶口所納之氣被食物吸收，食物又是本身所需，故面向吉方。

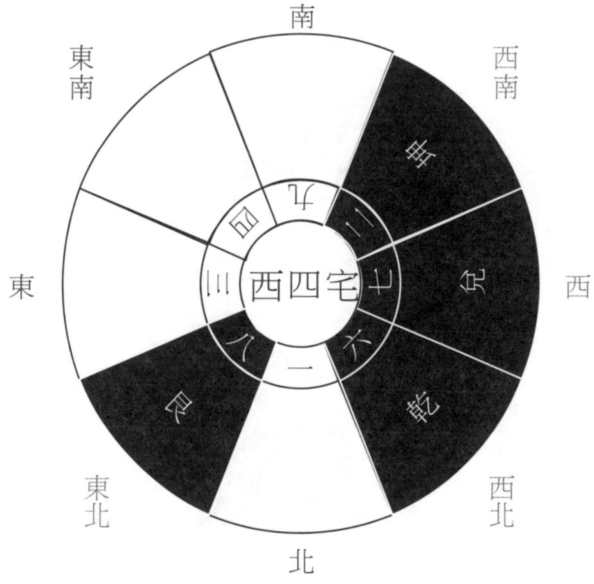

經診斷如家中灶口（瓦斯爐開關處）

向生氣方：表示財源廣進、官貴得子。
向延年方：表示夫妻和睦、健康長壽。
向天醫方：表示卻病消災、財旺安康。
向伏位方：表示凡事順利、和樂平安。
向五鬼方：表示易遭盜賊、病害連年。
向六煞方：表示財源不聚、災厄不斷。
向禍害方：表示官非訴訟、病痛破財。
向絕命方：表示體弱多病、財運不濟。

經診斷如家中灶座（瓦斯爐後面）

壓（坐在）五鬼方：表示家境平安、財源得利。
壓（坐在）六煞方：表示家庭和諧、健康平安。
壓（坐在）禍害方：表示爭訟全無、財旺安康。
壓（坐在）絕命方：表示健康長壽、添丁發財。

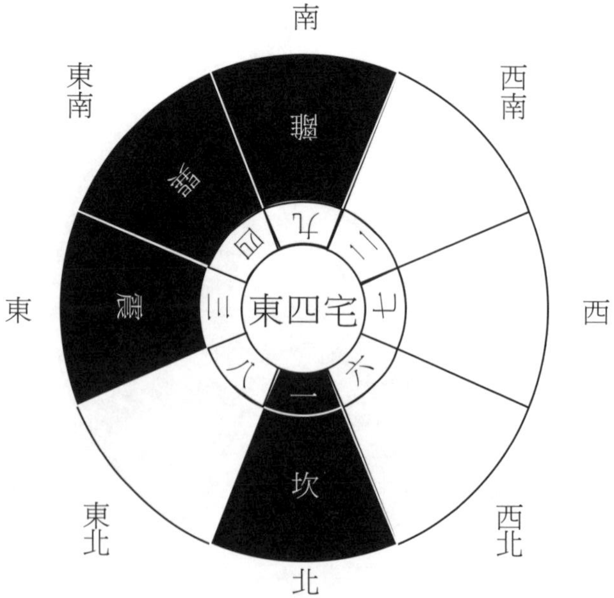

壓（坐在）生氣方：表示人口不旺、敗丁破財。

壓（坐在）延年方：表示破財不順、夫妻不睦。

壓（坐在）天醫方：表示體弱多病、財運受損。

壓（坐在）伏位方：表示諸事不順、勞頓損財。

PS：除了上述必須注意之外，尚有許多爐灶所禁忌的地方，好比爐灶忌火口向南（屬火）或午（屬火）位，因為火過盛容易釀禍，而且會直接影響炊事者的心緒。也不宜在子（屬水）位或與水龍頭正對，因為水火相剋，身體忽冷忽熱，易生口角是非。

爐灶忌壓乾方表示會損宅主，壓艮方表示家道不濟、盜賊水災，壓坤方表示身體不佳。

爐灶不能直沖各個門口，因為火氣外漏容易破財，爐灶四周要有靠，背後盡量不要臨窗，宅內方能和氣生財，當然爐灶上頭若壓樑、曬衣服都會影響家運或意外災害等等。

【第四章】八宅派家中文昌位論述

第一節 如何用宅向來找文昌位

望子成龍、望女成鳳是為人父母殷切期望的，在陽宅學理上，對於文昌位的選擇約可分成三種佈局，我們就一一加以說明。

八宅文昌：是以房子為主體，將房子的【向】帶入九宮格中的中心，如下圖所示為原始九宮圖，其飛泊順序固定由中宮開始↓西北方↓西方↓東北方↓南方↓北方↓西南方↓東方↓東南方。

數字【1】代表北方屬於坎宅【坐南朝北】。
數字【2】代表西南方屬於坤宅【坐東北朝西南】。
數字【3】代表東方屬於震宅【坐西朝東】。
數字【4】代表東南方屬於巽宅【坐西北朝東南】。
數字【5】代表中宮。
數字【6】代表西北方屬於乾宅【坐東南朝西北】。
數字【7】代表西方屬於兌宅【坐東朝西】。
數字【8】代表東北方屬於艮宅【坐西南朝東北】。

東南	南	西南
4	9	2
3	5	7
8	1	6
東北	北	西北

（左：東；右：西）

(本圖為九宮原始圖，該數字也代表方位)

數字【9】代表南方屬於離宅【坐北朝南】。

1、經查出您的房子是，向北（坎）座南（離），文昌位在東北方。

如坐北向南的房子，就將北方【1】代入中宮。然後依原九宮之順序排定各數字的位置，再找出4的方位所屬，則東北方就是文昌位。

	東南	南	西南	
	9	5	7	
東	8	1	3	西
	4	6	2	
	東北	北	西北	

(本圖為坐北向南，4在東北方也= 文昌位)

在文昌位擺上催文昌專用之物品，對全家人之讀書運及貴人運都會有所幫助。

2、經查出您的房子是，向西南（坤）坐東北（艮），文昌位在西方。

如坐西南向東北的房子，就將西南方【2】代入中宮。然後依原九宮之順序排定各數字的位置，再找出4的方位所屬，則西方就是文昌位。

	東南	南	西南	
	1	6	8	
東	9	2	4	西
	5	7	3	
	東北	北	西北	

(本圖為坐西南向東北，4在西方也=文昌位)

3、經查出您的房子是，向東（震）坐西（兌），文昌位在西北方。

如坐東向西的房子，就將東方【3】代入中宮。然後依原九宮之順序排定各數字的位置，再找出4的方位所屬，則西北方就是文昌位。

	東南	南	西南	
	2	7	9	
東	1	3	5	西
	6	8	4	
	東北	北	西北	

(本圖為坐東向西，4在西北方也=文昌位)

4、經查出您的房子是，向東南（巽）坐西北（乾），文昌位在中宮（原理上中宮就是）西南方。

	東南	南	西南	
	3	8	1	
東	2	4	6	西
	7	9	5	
	東北	北	西北	

(本圖為坐東南向西北，4在中宮也=西南方=文昌位)

5、經查出您的房子是，向西北（乾）坐東南（巽），文昌位在東方。

	東南	南	西南	
	5	1	3	
東	4	6	8	西
	9	2	7	
	東北	北	西北	

(本圖為坐西北向東南，4在東方=文昌位)

6、經查出您的房子是，向西（兌）坐東（震），文昌位在西南方。

東南		南		西南
	6	2	4	
東	5	7	9	西
	1	3	8	
東北		北		西北

(本圖為坐西向東，4在西南方=文昌位)

7、經查出您的房子是，向東北（艮）座西南（坤），文昌位在北方。

東南		南		西南
	7	3	5	
東	6	8	1	西
	2	4	9	
東北		北		西北

(本圖為坐東北向西南，4在北方=文昌位)

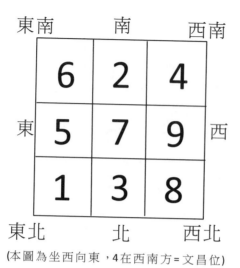

8、經查出您的房子是，向南（離）座北（坎），文昌位在南方。

東南		南		西南
	8	4	6	
東	7	9	2	西
	3	5	1	
東北		北		西北

(本圖為坐南向北，4在南方=文昌位)

PS：在家中的文昌位做為讀書及進修的地方，或在該方位放上文房四寶或北斗七星圖或文昌筆（塔）等開運吉品，對讀書及功名前途會有很大的幫助。

第二節 如何用個人出生年來找文昌位

是以該員出生年為主體，在該方文昌位擺上催文昌之吉品，對個人讀書運及貴人運都很有幫助。

例如：1988 年出生等於 1988-1911=77 年次：對照下表文昌位在西南方。

因為 1＝（坎＝北方）、2＝（坤＝西南）、3＝（震＝東方）、4＝（巽＝東南），在宅運中屬退運之數，所以開運品採用靜態的物品，如文昌筆或文昌塔。

因為 6＝（乾＝西北方）、7＝（兌＝西方）、8＝（艮＝東北）、9＝（離＝南方），在宅運中屬旺運之數，所以開運品採用動態的物品，如有馬達轉動的文昌塔。

【000】出生於 1992 年 -1911=81 年，經查出文昌位在東北方。

【000】出生於 1993 年 -1911=82 年，經查出文昌位在東方。

以此類推以上圖表查詢，就可得知個人文昌位在哪一方。

個人文昌位及適用之開運物

出生年次	西元年需加1911								文昌位		開運物
31	41	51	61	71	81	91	101	111	東北	8艮	旋轉文昌塔
32	42	52	62	72	82	92	102	112	東	3震	文昌筆
33	43	53	63	73	83	93	103	113	東南	4巽	文昌筆
34	44	54	64	74	84	94	104	114	南	9離	旋轉文昌塔
35	45	55	65	75	85	95	105	115	西南	2坤	文昌筆
36	46	56	66	76	86	96	106	116	西	7兌	旋轉文昌塔
37	47	57	67	77	87	97	107	117	西南	2坤	文昌筆
38	48	58	68	78	88	98	108	118	西	7兌	旋轉文昌塔
39	49	59	69	79	89	99	109	119	西北	6乾	旋轉文昌塔
40	50	60	70	80	90	100	110	120	北	1坎	文昌筆

PS：（1）如因您出生年磁場關係，文昌方位需用靜態之開運吉品來催旺，可在該方位放上書桌、床、文房四寶或北斗七星圖，或文昌筆（塔）等開運吉品。

PS：（2）如因您出生年磁場關係，文昌方位需用動態之開運吉品來催旺，可在該方位放上能轉動的物品，如小魚缸、小風水球，或可轉動的文昌筆（塔）等開運吉品。

第三節 如何用流年九星來找文昌位

流年文昌：

是以流年方位為主體，在該年文昌位擺上催文昌吉品，對全家人之讀書運及貴人運都會很有幫助。

要算出今年是幾入中宮，就需要用男生定位法來算。

命卦求法

以民國出生年男命為例：1965年=1965-1911=54年次數字相加為5+4=9，男命由七兌逆數，得結果是八艮，所以此人即為八艮西四命卦。

以民國出生年女命為例：2009年=2009-1911=98年次數字相加為9+8=17，由於超過兩位數，是故要再相加一次得出1+7=8，女命由八艮順數，得結果是六乾，所以此人即為六乾西四命卦。

必須要注意的是，男命數到五黃歸二坤西四命卦、女命數到五黃歸八艮西四命卦。

那要算出今年是幾入中宮，就需要用男生定位法來算。

男女手掌命卦法

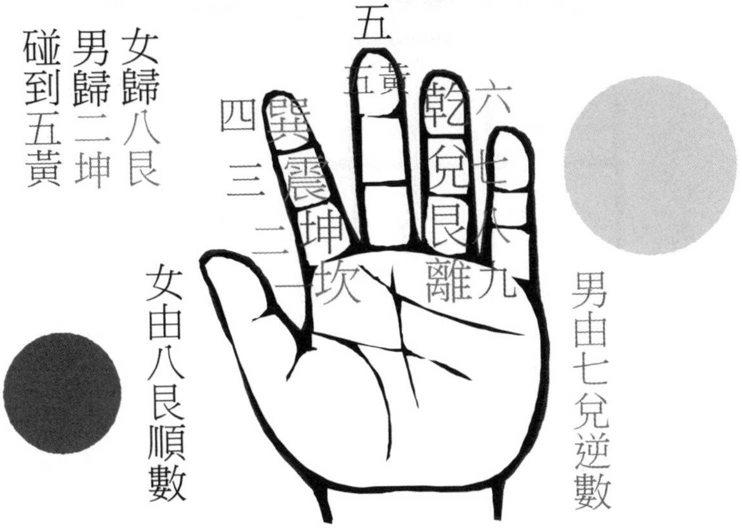

例如：2012年=2012-1911=101年，101=1+0+1=2，所以就從7逆數2=6。再將6帶入中宮，所以4（東方）的方位就是2012年的文昌位。

	東南方	南方	西南方	
	5	1	3	
東方	4	6	8	西方
	9	2	7	
	東北方	北方	西北方	

經查出2013年的文昌位在東南方。

	東南方	南方	西南方	
	4	9	2	
東方	3	5	7	西方
	8	1	6	
	東北方	北方	西北方	

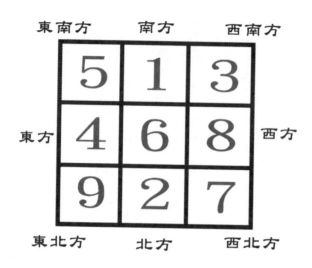

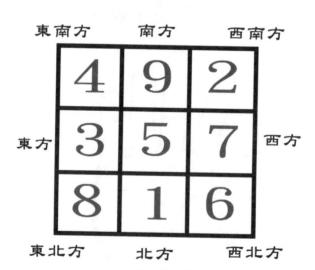

經查出2014年的文昌位在中宮或西南方（4入中宮寄宮在西南方）。

	東南方	南方	西南方	
	3	8	1	
東方	2	4	6	西方
	7	9	5	
	東北方	北方	西北方	

經查出2015年的文昌位在西北方。

	東南方	南方	西南方	
	2	7	9	
東方	1	3	5	西方
	6	8	4	
	東北方	北方	西北方	

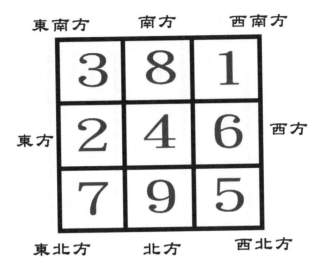

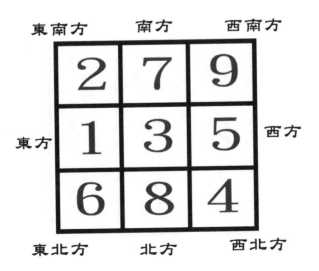

經查出 2016 年的文昌位在西方。

	東南方	南方	西南方	
	1	6	8	
東方	9	2	4	西方
	5	7	3	
	東北方	北方	西北方	

經查出 2017 年的文昌位在東北方。

	東南方	南方	西南方	
	9	5	7	
東方	8	1	3	西方
	4	6	2	
	東北方	北方	西北方	

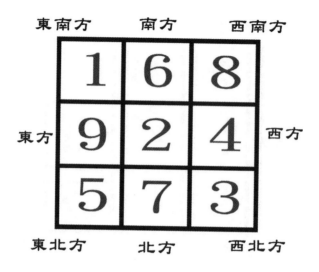

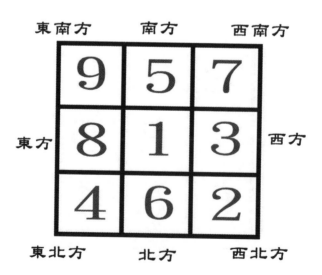

經查出 2018 年的文昌位在南方。

	東南方	南方	西南方	
	8	4	6	
東方	7	9	2	西方
	3	5	1	
	東北方	北方	西北方	

經查出 2019 年的文昌位在北方。

	東南方	南方	西南方	
	7	3	5	
東方	6	8	1	西方
	2	4	9	
	東北方	北方	西北方	

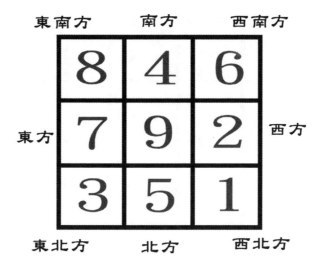

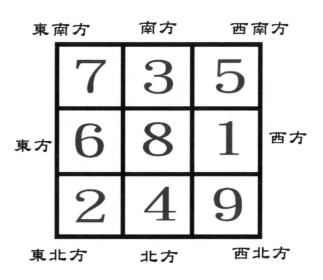

經查出 2020 年的文昌位在西南方。

	東南方	南方	西南方	
	6	2	4	
東方	5	7	9	西方
	1	3	8	
	東北方	北方	西北方	

PS：因流年文昌位每年都不一樣，可以在文昌方位上，讀書或進修或在該方位放上文房四寶或北斗七星圖，或文昌筆（塔）等開運吉品。

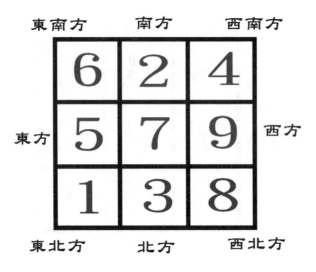

【第五章】家中神位吉凶論述

宗教信仰是我們精神的寄託，人類供奉神聖之位置，宜擇吉方。

設計原則：要莊重、嚴肅，具有靈氣，能接納好的氣為原則。

（神位的測量方法是以安神位之小太極（客廳）為測量範圍，分二十四山。）將神位安座在好的方位即可得到神助；安座在不好的位置則可能無法得到神助。

第一節 如何取用二十四方位山星神歌訣

公式：

子癸申辰巽辛（山）將申對福德；

艮丙（山）將亥對福德；

午壬寅戌（山）將丁對福德；

乾甲（山）將巳對福德；

坤乙（山）將子對福德；

卯庚亥未（山）將寅對福德；

酉丁巳丑（山）將酉對福德。

在二十四山下方有度數顯示，再更下方就能看到各個地支，有子、寅、巳、申、酉、亥、丁七個山，就是那些坐山的房子將小地支對準福德，就能得知二十四方位吉凶了（本中心有開發這種簡便羅盤，需要者請來電）。

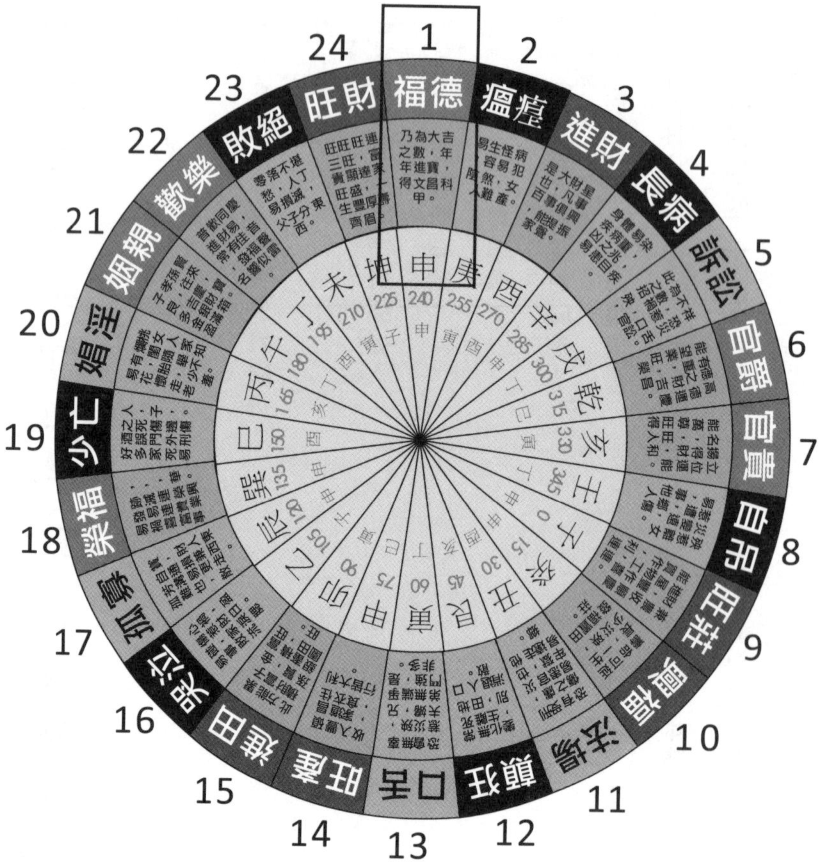
1 福德
2 瘟癀
3 進財
4 長病
5 訴訟
6 官爵
7 官貴
8 自吊
9 旺莊
10 興福
11 法場
12 顛狂
13 口舌
14 旺蠶
15 進田
16 哭泣
17 孤寡
18 榮福
19 少亡
20 娼淫
21 姻親
22 歡樂
23 敗絕
24 旺財

二十四山的順序是：

壬、子、癸、丑、艮、寅、甲、卯、乙、辰、巽、巳、丙、午、丁、未、坤、申、庚、酉、辛、戌、乾、亥。

例一：坐子山午向（將子山下方的申對準福德，然後將子山轉到坐方，則其他二十三方位好壞就出來了）。

申方為福德庚方為瘟疫酉方為進財辛方為長病戌方為訴訟乾方為官爵

亥方為官貴壬方為自吊子方為旺莊癸方為興福丑方為法場艮方為癲狂

寅方為口舌甲方為旺產卯方為進田乙方為哭泣辰方為孤寡巽方為榮福

巳方為少亡丙方為娼淫午方為姻親丁方為歡樂未方為敗絕坤方為旺財

例二：艮山坤向或丙山壬向（將艮山下方的亥對準福德，然後將艮山轉到坐方，則其他二十三方位好壞就出來了）。

亥方為福德壬方為瘟疫子方為進財癸方為長病丑方為訴訟艮方為官爵

寅方為官貴甲方為自吊卯方為旺莊乙方為興福辰方為法場巽方為癲狂

巳方為口舌丙方為旺產午方為進田丁方為哭泣未方為孤寡坤方為榮福

申方為少亡庚方為娼淫酉方為姻親辛方為歡樂戌方為敗絕乾方為旺財

第二節 如何來安座家中的神位

二十四福德的順序是：

1.福德、2.瘟疫、3.進財、4.長病、5.訴訟、6.官爵、7.官貴、8.自吊、9.旺莊、10.興福、
11.法場、12.癲狂、13.口舌、14.旺產、15.進田、16.哭泣、17.孤寡、18.榮福、19.少亡、20.娼淫、
21.姻親、22.歡樂、23.敗絕、24.旺財。

在羅盤最外圈就有此二十四神煞的標示。

【家中神位吉凶論述】

我們供奉神位的位置，宜擇吉方，學會了以後安神位千萬不要安座在凶位。

設計原則：要莊重、嚴肅，具有靈氣。

（神位的測量方法是以安神位之小太極（客廳）為測量範圍，分二十四山）

1、「福德」位為吉位

「福德」安神位（門）大吉祥，年年進財得田庄，東方招得角音契，貴子連連家聲揚。家中子弟得科甲，此門後代不尋常。

2、「瘟疫」位為凶位

「瘟疫」之位勿安神位（門），年年產業總空乏，怪異百般皆主見，家聲敗壞不盡言。更有陰人來自縊，女人生產命難存。

3、「進財」位為吉位

「進財」之位最吉祥，六畜興旺不可擋，加官進祿產業興，綿綿富貴達邦鄉。進財之位是財星，在此安門百事興。

4、「長病」位為凶位

「長病」之位不可當，家聲破敗少年亡，年年月月官方起，賣盡田園遭禍殃。此位安門立見凶，家長戶丁目疾患。

5、「訴訟」位為凶位

「訴訟」之位不是祥，安門招禍惹災殃，丁乏財散退兩難，哭泣搥胸受驚惶。田園口舌陰人耗，時遭官訟惱肚腸。

6、「官爵」位為吉位

「官爵」安神位（門）最是祥，時常進出外田庄，生得貴子興家旺，財寶珍珠時寶箱。德業榮身入帝鄉，千般吉慶自榮昌。

7、「官貴」位為吉位

「官貴」之位好安神位（門），財運亨通官貴顯，人丁旺盛家和興，祿胎父子及文身。定主名揚爵位尊，金銀財寶不需認。

8、「自吊」位為凶位

「自吊」之位不可安神位（門），投河怪死又遭官，刀兵瘟火時常有，缺錢乏糧貧困難。安門立見有災殃，離鄉自縊女人傷。

9、「旺莊」位為吉位

「旺莊」之位安神位（門）昌，定主三餘穀滿倉，奴婢成群家富足，貴能子孫滿所堂。進財進寶及田莊，田農豐收來送喜。

10、「興福」位為吉位

「興福」之位安神位（門）延壽長，年年進契置田庄，加官進祿錢財旺，濟濟兒孫滿廂廊。年年四季少災殃，家人發福置田莊。

11、「法場」位為凶位

「法場」之位安神位（門）見災殃，此位若逢定有傷，官非訟訴年年有，丁財退敗兩難當。若安此位受刑傷，徒刑發配出他鄉。

12、「癲狂」位為凶位

「癲狂」之位安神位（門）正難當，軍賊更逢必有傷，孤寡少亡財寶退，定然耗散見官方。生離死別及癲邪，田地消退人口散。

13、「口舌」位為凶位

「口舌」之位安神位（門）大不祥，是非纏了又爭強，牽連官司年年起，最惹無辜橫災殃。夫婦相煎逐日有，兄弟無端爭鬥強。

14、「旺蠶」位為吉位

「旺蠶」之位安神位（門）最為強，歷代兒孫富蔭鄉，貴子雙雙登帝闕，祖宗受贈姓名揚。六畜絲蠶皆大利，坐收米穀滿倉箱。

15、「進田」位為吉位

「進田」原是吉星辰，能招財寶子孫賢，更主外人來寄物，綿綿鉅富更添丁。進田位上福綿綿，金銀蓄積富園田。

16、「哭泣」位為凶位

「哭泣」之位安神位（門）不可安，年年遭禍敗家財，時常凶禍災殃至，掃蕩田園又沒官。哭泣之門不可開，悲嚎流淚日盈腮。

17、「孤寡」位為凶位

「孤寡」之方安神位（門）災大凶，抛離幼子及雙親，田蠶等物皆空耗，堂堂屋舍冷如冰。六畜田蠶俱損財，更兼人散走西東。

18、「榮富」位為吉位

「榮富」之位安神位（門）最吉昌，年年常見買田庄，牛羊興旺人聰俊，登榜兒孫姓字香。發積家庭災禍滅，富貴榮華事業興。

19、「少亡」位為凶位

「少亡」之位安神位（門）不可當，一年之內哭聲慘，怪禍喪家飛浪起，上山下水虎蛇傷。好酒之人多誤死，家門傷子死外邊。

20、「娼淫」位為凶位

「娼淫」之位安神位（門）是堪憂，田地丁財退不休，室女貪花跟士走，修必淫亂事無休。閨女懷胎隨人走，舉家老少不足羞。

21、「姻親」位為吉位

「姻親」之位安神位（門）上好修方，修之親戚盡賢良，蓄產田蠶常富足，滿家大小福威增。時日往來多吉慶，金銀財寶盈滿箱。

22、「歡樂」位為吉位

「歡樂」之位安神位（門）更進財，一堂子孫都團圓，常有佳音人送來，遵法俱和守分安。田蠶六畜皆興旺，發福聲名響似雷。

23、「敗絕」位為凶位

「敗絕」之位安神位（門）不可言，田庄漸退苦兒孫，公門橫禍時時起，父子東西各兩奔。修必零落不堪愁，人丁損滅無蹤跡。

24、「旺財」位為吉位

「旺財」富貴足財糧，千口一家不比常，顯達人丁家旺盛，兒孫代代姓名揚。富貴升遷任發揮，一生豐厚壽齊眉。

PS：（一）如果安座神明的方位為吉方，全家將會得到神明的庇佑，身體健康、萬事如意。

PS：（二）如果安座神明的方位為凶方，全家可能無法受到庇佑，建議將神位改安到【吉位】才能得到最佳之氣。

第三節 應用二十四山選定吉利方位

門樓玉輦經中所列的吉門，吉位多一些，細一些。現代電子的發展，越來越精密，越精密的東西，也就越科學，有些地方應用得法，速見良效。下面所列的十門均為吉門吉方，但其中有大吉、中吉、小吉之分；也各有所主；比如「旺莊門」，在以農林業為主的縣、鄉府安旺莊門，對老百姓的生產收成就特別有利，年年增產慶豐收。「官貴門」民愛民尊，高就升遷，也是眾望所歸。「進田門」在外事、外貿單位、企業造此門比較理想，可交天下朋友，貨暢其流，財帛豐盈。

一、**福德門**：福德安門大吉昌，年年進寶得田莊，主進科甲利名揚、又生貴子不尋常。

（福德位安門對於官貴、人丁、財帛都很吉利、是二十四山中最理想安門方位之一，此門發福悠遠，福貴綿長。）

二、**進財門**：進財位上是財星，在此安門百事寧，福祿吉田人口旺，加官加爵有名聲。

（此門為財星，旺財快發。經云：「要發財造進財，要田莊興旺莊之說。」）

三、官爵門：安門官爵最高強，德業榮身人命鄉，庶士當年財大旺，千般吉慶人欽仰。

此門仕人旺官貴，此為官星位。庶民百姓旺財帛，財為財星位。

四、官貴門：官貴位上好安門，定主名揚爵位尊，田地資才人口旺，金銀財寶不須論。

（此為官星位，從古例及今例看，此門並不旺丁，並易損兄弟，為官步步高升，兄弟步步減少，後代生女多。）

五、旺莊門：旺莊安門正是良，進財進寶得田莊，如同水流來送契，大獲蠶絲利滾滾。

此為財星位，用在鄉政府、農業部門及紡織廠造大門最吉。

六、旺產門：旺蠶門上好修方，此位安門家道昌，門畜蠶絲皆大利，坐收米穀滿倉箱。

（此門一般為財星位。）

七、進田門：進田門上福綿綿，廣招財寶子孫賢，更有外人來寄物，金銀蓄積富田園。

（此位極旺人丁，尤在外貿部門安此門最吉。）

八、歡樂門：歡樂修門更進財，常有外客送寶來，田蠶六畜皆興旺，發福聲名響似雷。

（此為財星位。）

九、旺財門：旺財門上要君知，官貴升遷任發揮，顯達人丁家旺盛，一生豐厚壽齊眉。

此為官星位，大旺官貴，利文途科甲。

十、興福門：興福安門壽命長，年年四季少災殃，仕人進爵加官職，庶民發福置田莊。

（造此門主平安康壽、富貴。）

第四節 十門中什麼是財門、官門、人丁門

吉門吉星中結合五行，取我剋者為財星之位，又臨上述各吉門吉星吉水發福必速必猛。

上述諸吉門都能應用得當，而任一個單位、企業、商場的大門、辦公、廚灶、營業、生產廠房、道路等等無疑是大吉之局。然而事實上是很難面面俱到的，這一說吉星到位，那一說則臨凶方互相矛盾，那是常有的事。

這時候選取什麼？運用乾坤國寶，取水之吉星吉水；二取門樓玉輦經之吉門；三取方位理氣之吉方。無論按哪個飛星，其中不要忘了：總以相生為吉，相剋為凶。

實際操作時，須面面顧及，權衡利弊，為我所用，善於變通，乃不失為趨吉避凶之道。

企業之財運找財星；單位之官運找官星。

財星也好，官星也好，均無一定之規，也不是單靠一學說就可以定吉凶，需要綜合考慮山川形勢，方位理氣、門樓玉輦經等學術的綜合參考應用，以及人的四柱五行旺衰偏枯而取定其所需的吉方吉位和時空，使其發生有益的生剋制化的時候，所定財星、官星方可臨旺當令主事，只有在這種情形下，其財星、官星才是有用的，才能夠發揮其效應和作用，而這種效應和作用來得快、來得速。

一個單位、企業的官星、財星在哪裡？在八宅派中的：生氣方，貪狼方、延年方、伏位方，在門樓玉輦經的官貴方、官爵方、旺財方、旺莊方、福德方、進財方、進田方等。

十門中取用財星、丁星、官星大致可分為：

財星：歡樂門、旺莊門、旺產門、與福門。

官星：官貴門、官爵門、進財門。

丁星：福德門、旺財門、進田門。

以上看個人所求自行選擇合適的方位安座吧！

第五節 安神位順序

1、**選日子**：以家中夫妻及父母及同住兄弟之八字擇安香日，於預定日一個月前擇日，較能選擇最好的日子。

2、**看方位**：要先用羅盤測量出住宅坐向，再來選安神位之坐向，取當年農民曆上之大利方位或小利方位，否則暫用浮爐，於翌年再安正爐位。

3、不利方位不能安神位。如申子辰年煞在南、巳酉丑年煞在東、寅午戌年煞在北、亥卯未年煞在西。

4、太歲方位安神位用浮爐，年底清爐時再取去盤子。

5、以主人八字之所屬五行擇生我之方位，次擇同我之方位。

6、以當年大利之方位，牆無壓樑，門外無沖煞、廁所、浴室，上下無廚房，上無臥床，前無對沖之障礙物之方位安神位。

7、新購之神桌、佛具應於安神位之前六日先行備妥放置一旁。

8、日光燈如直向神桌，請轉向使其與神桌平行，所謂：「神位遭沖劍，禍事並立見。」

9、以文公尺求出神桌位置後，公媽邊（虎邊）要比神明邊（龍邊）窄一些安置好神桌、佛聯，再依序安放：

①、佛燈。

②、金身。

③、令旗。

④、開光鏡、筆（尺量）。

⑤、神香爐（尺量）、茶杯。

⑥、燭台、蠟燭。

⑦、環香盤。

⑧、淨爐。

如有換新香爐，將「七寶」及「十二枚銅錢」置於新香爐內，將舊香爐灰篩淨裝入新爐內，再置入新香灰至八分滿。

10、將門神安置於門口向外左側，先用七張壽金燃燒淨牆壁，再依文公尺吉字位置量至爐口裝釘上去（約5尺1高）。

11、將金爐於室外位置擺放好。

12、一切安置完成，奉上五果、發粿、甜湯圓、金紙、鞭炮供奉神明。三牲、甜湯圓、酒、金紙、鞭炮祭拜祖先。

13、祭拜開始，點上蠟燭，上茶，師父淨壇，唸咒請神到宅。

14、宅主到室外對天請神明，再對天請祖先。

15、全家拜神明，全家拜祖先。

16、拜完後發粿留於神桌上六天，敬果留於神桌上三天，其餘取下；往後連續香火不斷3～6天，使用大香接續燒。

17、安神公媽屬於非常專業的領域範疇，建議委請老師施作行道科法為宜。

第六節 祭祀神明、祖先的規矩

客廳是自古以來，先民奉祀神祇、祖先的地方，亦是接待賓客之所，人際互動不可或缺的配置。現今的建築，如大樓、公寓、華廈、客廳又稱起居室，是家居和樂的表現，家庭都必備的重要廳所。

然而客廳中，最為明顯重要的裝設，不外乎神明、祖先公媽的供奉亦稱為佛堂。敬神禮佛、追思祖先，達到心靈的提升，緬懷祖上福德，可見它舉足輕重的地位。在此略舉神桌上的規矩，供大家參考。

壹、神桌上論陰陽

一、神明金身或神明圖片為陽。
二、公媽為陰。
三、神明用爐為陽。
四、公媽用爐為陰。
五、門公尺為陽。
六、丁蘭尺為陰。
七、米為陽，砂為陰。
八、神明金身單數為陽吉，雙數為陰凶。
九、點香枝單數為陽，雙數為陰，顏色以土黃為佳，黑色少用。
十、神明代表家中男眾，公媽位代表家中女眾。

貳、高低有陰陽

一、神桌以合門公尺規（魯班尺）之吉位為佳，一同供祀的祖先牌位，則取丁蘭尺吉位為佳。
二、神明用爐不高過神尊的胸部，過高則影響事業前途，但也不可低於膝蓋部位，低於膝部為踏爐，踏爐則暗示無法發達之意。

三、神桌不可太高，以拜拜時插香方便為宜，如因太高插香要椅子墊腳，則凡事要經他人之手相助，效率則差矣。

四、如果插香要墊腳跟，為追步之意，凡事雖拼命則還是趕不上，但也不宜太低，太低則無尊貴感容易被輕視。

五、神明金身必定高於祖先位，為陽勝陰，男人較能出頭，相反祖先牌位高大於神明金身時，表示女重責需出頭，男人溫和避世，如客家民俗大有此象。

六、神明金身或金爐太低時，以木造座墊高為宜，不宜用金紙當墊座，如以金紙當墊座最長時間以一年為限，因「浮爐」並非無期限的。

參、前後大小之分

一、神位金身和神明爐為陽居前，祖先牌位與爐為陰居後，不可超前。

二、公媽位和爐不可超前，因女人掌權，陰氣加重，易患陰症或筋骨暗疾。

三、紅龕燈組宜在前，表前程光明。花瓶宜在供桌之前，因為花要插在前。

四、神明爐有安爐亦有爐神，如移動神明金身時不可越爐而過，否則即為冒犯爐神，互相尊重為宜。

五、門公尺又稱量天尺為測天地之用，丈量神明金身和祖先牌位之數據，丈量神位或爐

之高低時，不可直接用門公尺量，量則神退，應以香枝量後再對照門公尺，公媽亦然。（門公尺中藏有神煞需注意）

肆、神尊排列方式

一、一般家庭神明以單數為主，也就是一、三尊。

二、一般家庭神明如雙數則犯陰，家中不安寧。

三、除中間主神明之外，土地公不可居龍邊，要居虎邊，因土地公神職小，居龍邊坐不穩，易患家庭不和，或財力不順。

四、神明又分上界、中界、下界，上界為玉皇、玄天上帝、神農、媽祖，凡是以帝之稱者應居上方。

伍、香數字的代表

一、點一支香代表天庭。

二、點兩炷香代表地府陰靈。

三、點三炷香代表三界之神祇。

四、點十二炷香代表十二元神為化煞之用。

五、點三十六炷香代表三十六天罡，為天庭諸神。

六、點七十二炷香代表七十二地煞，為地府諸神。

七、點一〇八炷香代表三十六天罡、七十二地煞……眾神會合，重要祭典之用。

八、插香以端正為主，斜向內為欺神、向外為欺人。

九、佛教以合掌雙手拜，道教以右手握拳，左手包右拳作揖狀。

十、拜神時雙手宜置胸前行禮狀，代表內心之虔誠敬意，如置頭上則有犯上不敬之意，切忌香枝由地面往上勾拜，此為大不敬。

陸、神尊儀態式樣

一、神明金身站立者，主勞碌。

二、神像坐椅直視者，有官威。

三、神像貼椅背者，主懶散。

四、神像蹺腳者，主優雅休閒。

五、神像坐馬者，主武職奔波。

六、神像手執刀劍者，宜武職。

七、神像手執拂塵者，宜修道。

柒、安神位置的選擇

一、透天厝以大廳入門正面為主，頂樓為副，其外再配合風水局而定。

二、大樓以面向客廳陽宅為主，可稍偏龍邊，而忌虎邊。

三、神位宜避開樑下和壁刀、屋角、廚廁、臥室、門沖、水管之下……。

四、神桌分上、下桌，如屋小以佛廚亦可。

五、懸在半壁之神龕，在外租屋時可暫用。如自宅則變成寄人籬下有苦說不出。

捌、香爐注意事項

一、香灰要常保輕鬆，心情處事方輕鬆，香枝雜亂表示人精神雜亂，要時常保持整潔為宜。

二、香爐以裝香灰最好，如新爐無香灰以豆梗灰也可，絕不可裝砂，砂為陰，裝砂則居家不安。

三、公媽爐要有雙耳，為傳子孫耳；香爐身，表示代代相傳之意。

四、神明爐之位距神桌前緣要合乎門公尺之吉字。公媽爐要合乎丁蘭尺為要。

五、神明爐之高度要合乎門公尺；公媽爐之高度要合乎丁蘭尺。

六、喪事完後之臨時爐和牌位，於對年（一年後）要合爐，新喪之主靈牌寫入祖先牌龕內，臨時爐和牌位則於合爐後燒毀。（合爐又稱洽爐，屬於非常專業的領域範疇，建議委請老師施作行道科法為宜。）

七、神明爐發爐表示神明來，就是神明入宅巡視，表示好兆頭。

八、公媽發爐則應巡視祖先墳墓風水是否有恙，更要小心災禍來臨之兆。

九、爐以銅質最好，磁性生鐵和錫次之，大理石則不佳，因遇火易爆裂而危險。

十、神明爐以裝七寶為宜（金、銀、琉璃、車渠、珍珠、瑪瑙、琥珀），為財源廣進之象徵。

十一、公媽爐不可裝七寶或其他異物，易患陰邪之症。

十二、敬天為圓，敬地為方，神明爐要圓形為佳，公媽爐以方形為用。但現今也有公媽爐以圓形較小於神明爐亦可行。

玖、安香所需物品之準備

項次	準備用品	項次	準備用品
1	牲禮二份（神明五牲、公媽三牲）	15	發粿二個
2	敬果二份（神明五果、公媽四果）	16	茉草三支
3	清圓六碗（神明、公媽各三）	17	拾元硬幣 108 個

4	菜碗十二碗（桂圓、冰糖、紅棗、桔餅、薑、筍乾、金針、冬瓜糖、木耳、香菇、冬粉、麻花粩）	18	佰元鈔票12張
5	豆腐一塊（大、小均可）	19	圈桶榏（3支竹片做一個圓圈）一個
6	麵線三杯	20	紅色塑膠碗、杯、盤各約20個
7	米一包（約五公斤裝）	21	新碗一把
8	新水桶二個（塑、鐵製品均可）	22	新筷一把
9	紅龜十二個（麵龜亦可）	23	淨爐一個
10	火炭一包（約一斤）	24	香末一斤
11	新茶壺一個（與烘爐大小相配）	25	金銀紙二份（神明、公媽各一份）
12	新烘爐一個	26	漿糊一條、紅紗線一條
13	酒一瓶	27	蠟燭二對（神明大對、公媽小對）
14	帶尾菜頭二顆	28	花瓶一對（鮮花二束）

注意事項：

入新宅另加：新掃帚兩支、帶尾甘蔗兩支、雞兩隻（一公、一母）寫入宅安神符：擇於

年　農曆　月　日　時安座大吉。

日沖生肖〇〇歲。　時沖生肖〇〇歲。

安座後，三日內廳堂、香火、燈火通明勿滅，大吉昌。

神位安座，門神先拜，司命灶君亦同時奉香。

中午拜地靈公（地基主）、祖先，三天之內敬拜當地土地公。

敬奉地基主的禮儀：

地基主敬奉備品：一碗飯、一盤菜、一碗湯、一顆水果、一雙筷子、三炷香、一杯開水、三碗清圓（清圓入宅必備平常可免）、四方金（以上為最低標準量，可隨喜增加）。

口訣方式內容：

【報地址門牌號碼，不報人名】

香案置於門口內，向屋裡拜拜：

敬請地址：地基主於此良時吉日，保佑我等入住本吉宅，上下人員出入平安、工程順利、人緣廣佈、財源廣進、鴻運昌隆。

半炷香後雙手取金紙：「敬請地基主【到何處】領收金銀。」

後迅速火化金紙及未燃完全之香一同化之，即圓滿完成。

第七節 每日早晚燒香祝詞

【神】：南無大悲觀世音菩薩與眾位神明，弟子——給祢們請安，保佑我一家大小平安順利（初一、十五拜拜時將全家人姓名唸出來）。

【祖先】：〇家列祖列宗，子孫——給你們請安，保佑我一家大小平安順利。

【神】：福德正神，弟子——給你們請安，保佑我們一家大小平安順利（初一、十五拜拜時將全家人姓名唸出來）。

【神】：福德正神，弟子——給祢們請安，弟子——妻子——兒子——女兒——保佑我們一家大小平安順利。

【拜土地公廟】：（天公爐）玉皇上帝在上，——給祢請安，請保佑我一家大小身體健康，工作順利。

【土地公神像】：福德正神在上，弟子——給祢請安，弟子——妻子——兒子——女兒——，家住——市——路——號——樓。請保佑我一家大小身體健康，家庭和樂，工作順利，生意旺市。

【拜廟】：（天公爐）玉皇上帝在上，——給祢請安，請保佑我一家大小身體健康，工作順利。

【正廳神像】：（神名）——在上，弟子——給祢請安，弟子——妻子——兒子——女兒——，家住——市——路——號——樓。請保佑我一家大小身體健康，家庭和樂，工作順利，生意旺市。

在家早晚燒香

【神前】：眾神在上，弟子——給祢請安，請保佑我全家身體健康平安順適。

【太歲】：弟子——給——年太歲——星君請安，請保佑弟子——妻子——兒子——女兒——，一家大小身體健康平安順適。

【祖先】：家列祖列宗，子孫——給你們請安，請保佑我一家大小身體健康，家庭和樂，工作順利，生意旺市。

【神前】：觀世音菩薩在上，弟子——給祢請安，請保佑我全家身體健康，平安順適。

【拜地基主】：眾地基主祢們好，我是站在祢們地基上的——，今日是（初一、十五、清明節、端午節、中元節、過年），這些飯菜、紙錢奉敬，請眾地基主保佑我一家大小身體健康、家庭和樂、生意興隆、事業順利。

【中元普渡拜拜】：

1、第一次燒香拜普渡公，燒大把香，每人三炷香插爐內，其他的香插在祭品上。

唸曰：普渡公祢好，弟子＿＿＿＿給祢請安，今天中元普渡，弟子特備辦牲禮、水果、食品供奉普渡，請保佑我一家大小身體健康，出外平安，工作順利。

2、燒金紙（壽、刈、福金），弟子＿＿＿＿獻金。

3、第二次燒香拜好兄弟、好姊妹，每人三炷香插爐內。

唸曰：各路好兄弟、好姊妹你們好，（戶長名）＿＿＿＿今天中元普渡，特備辦牲禮、水果、食品普渡祭拜，給你們食用，也請保佑我全家大小身體健康，出外平安，工作順利。

4、燒巾衣（約隔40分鐘後）。

5、第三次燒香拜好兄弟、好姊妹，每人三炷香插爐內，就開始燒化金紙給好兄弟、好姊妹。

唸曰：（戶長名）＿＿＿＿獻金，請各路好兄弟、好姊妹領受，領受後恭送各路好兄弟、好姊妹離開，各回本位，並保佑我家人身體健康，出外平安，工作順利。

【第六章】廁所方位吉凶論斷

第一節 陽宅廁所總論

舊式住宅因為土地取得比較容易，廁所幾乎都建造在陽宅之外，在當時必須要注意來龍位置，若設置不當，就會損傷宅主。然而因為時代的變遷，如今廁所均座落於屋內，而成為整棟建築或是公寓本身的重要部位，而其所在的位置關乎屋宅之吉凶，所以一定要謹慎而待之，僅將一些不好的現象列述於後。

1、【廁屋對灶門，年年牛病損】。

廁所和廚房兩門相沖，穢氣混濁，衛生奇差，錢財難聚。廁所為水，廚房為火，水火相剋，易患心血管疾病、泌尿系統、消化系統以及婦女病。

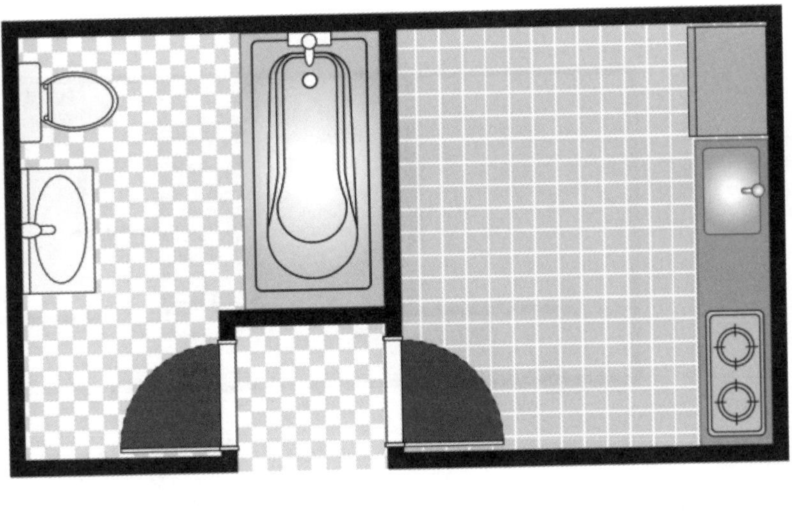

2、【床頭臨廁，男人病難測；廁所沖床，女人病難防】。

房子代表一個人，浴室廁所如同泌尿系統，床頭為浴室，則男人會有性功能障礙或是攝護腺疾病。若廁所門沖床，則女人會有子宮肌瘤或婦女病症。

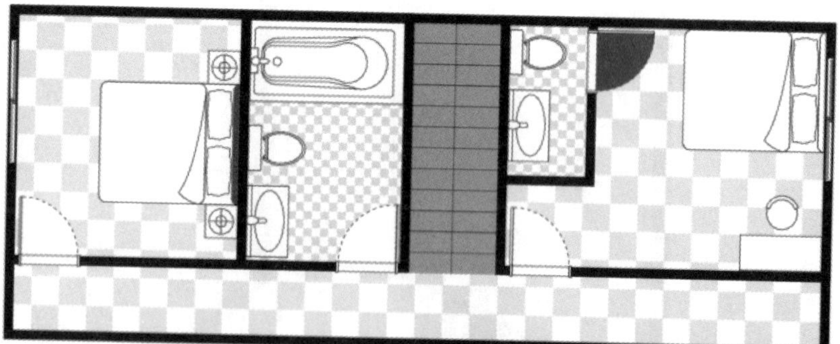

3、【陽宅第二凶，廚廁忌居中】。

廁所或廚房在房子中心的九宮方位，中宮五行屬土，古代帝王之位皆居中，代表至高無上的意思。如今廁所或廚房居宅中，臭氣濕氣都集中難以排出，

4、【開門見廁，出門不測】。

一入門就看見廚房或廁所，表示財來財去，夫妻失和，身上容易會有怪病產生，運勢坎坷不遂之象。

5、【爐上見浴廁，家人難和樂】。

爐灶上方為浴廁，則家中人事不和，運勢不順，免疫系統不佳，久而久之更會影響財運。

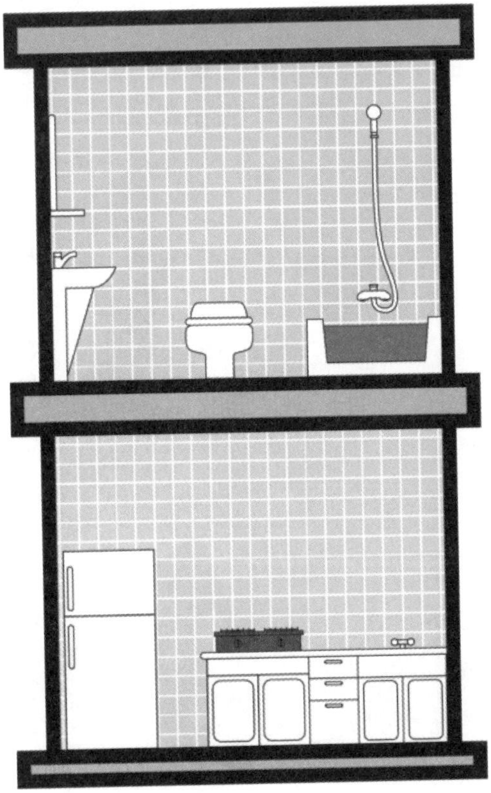

如今廁所與浴室均同處一室，必須在陽宅的深藏之處，切忌過於顯露。而最重要文昌之位不可安廁所，此為污穢文昌，主功名難得，才氣埋沒，名譽易損。住宅文昌位乃是座山的食神方，只論天干，而不論地支與四維位。

甲座山文昌位在巳方，乙座山文昌位在丁方，
丙座山文昌位在申方，丁座山文昌位在酉方，
庚座山文昌位在亥方，辛座山文昌位在子方，
壬座山文昌位在寅方，癸座山文昌位在卯方。

第二節 八宅派廁所安置法

廁所於宅內的位置考慮的因素甚多，避免安置在大門口、宅中央、正對門、正對床等等，尤其必須設立在宅卦或命卦的凶方，並且避免置於文昌位上。

廁所安於本命的四凶方，便能震住其凶煞之氣，不僅能夠招福納祥，也可以趨吉避凶。若安於本命四吉方，反而招致凶惡。

以東四宅來論，如果廁所座落在南、東南、東、北，就不好。

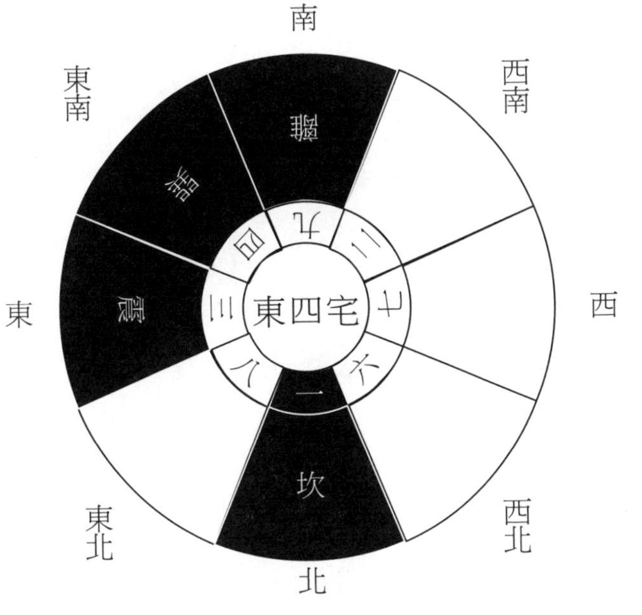

經診斷如果廁所座落在家中的

1、（生氣方）：貪狼

這本來是好的方位，但廁所座落在這兒對陽宅的磁場是不利的。生氣方本可得官貴旺宅，做事一帆風順，但位置錯誤這些好現象可能較不易得到。

2、（天醫方）：巨門

這本來是好的方位，但廁所座落在這兒對陽宅的磁場是不利的。天醫方本可得家宅興旺、無病消災、平安健康、一團和氣，但位置錯誤這些好現象可能較不易得到。

3、（延年方）：武曲

這本來是好的方位，但廁所座落在這兒對陽宅的磁場是不利的。延年方本可得春風和氣、感情美滿、長壽財廣、安居樂業，但位置錯誤這些好現象可能較不易得到。

4、（伏位方）：輔弼

這本來是好的方位，但廁所座落在這兒對陽宅的磁場是不利的。伏位方本可得家庭和樂、持家有成、和緩穩重、福分有得，但位置錯誤這些好現象可能較不易得到。

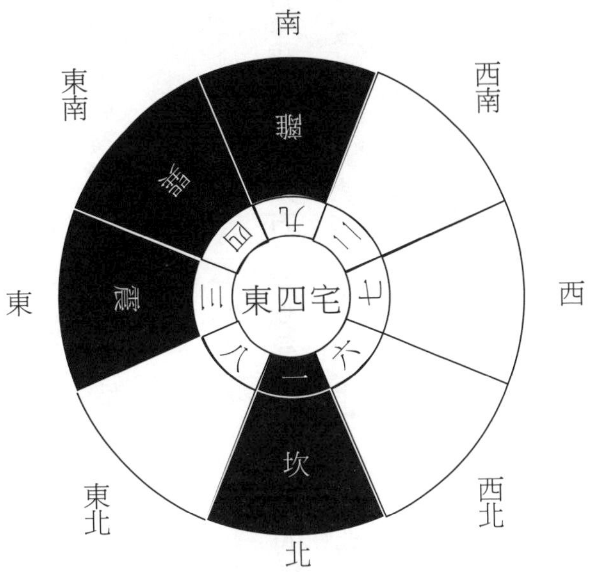

以東四宅來論，如果廁所座落在西南、東北、西、西北，就是好。

5、（絕命方）：破軍

這本來是壞的方位，但廁所座落在這兒對陽宅的磁場反而是有利的。可將憂鬱寡歡、是非連年、財散損壽、健康堪慮之情況減到最低。

6、（五鬼方）：廉貞

這本來是壞的方位，但廁所座落在這兒對陽宅的磁場反而是有利的。可將破財病厄、狂暴受害、失運落魄、健康堪慮之情況減到最低。

7、（禍害方）：祿存

這本來是壞的方位，但廁所座落在這兒對陽宅的磁場反而是有利的。可將意外橫生、破財劫災、雜亂無章、運勢受阻之情況減到最低。

8、（六煞方）：文曲

這本來是壞的方位，但廁所座落在這兒對陽宅的磁場反而是有利的。可將恃勢驕縱、損財敗財、聲色娛樂、諸事不順之情況減到最低。

八宅文昌就是九宮圖「4」的位置，以房子為主體，如果文昌位正好是廁所，就代表污穢文昌，會影響全家人員之讀書考試運及官貴運。

以下提供屋宅八方位之文昌位，如果您的房子是在：

數字【1】代表北方屬於坎宅【坐南朝北】文昌位在東北方。

數字【2】代表西南方屬於坤宅【坐東北朝西南】文昌位在西方。

數字【3】代表東方屬於震宅【坐西朝東】文昌位在西北方。

數字【4】代表東南方屬於巽宅【坐西北朝東南】文昌位在中宮、西南方。

數字【5】代表中宮。

數字【6】代表西北方屬於乾宅【坐東南朝西北】文昌位在東方。
數字【7】代表西方屬於兌宅【坐東朝西】文昌位在西南方。
數字【8】代表東北方屬於艮宅【坐西南朝東北】文昌位在北方。
數字【9】代表南方屬於離宅【坐北朝南】文昌位在南方。

PS：若經過測量之後，廁所剛好在家中的文昌位上，就需要做一些改善的動作。

PS：改善廁所方位不佳之方法有以下幾種方式。

（一）廁所一定要隨時保持乾淨與乾燥。
（二）廁所一定要裝全遮式布門簾以防穢氣洩出。
（三）廁所內要種綠色盆栽，適時釋放芬多精。
（四）廁所內要擺放粗鹽，以吸納污穢之氣。

第三節 陽宅座山廁所安置法

建灶廁所忌諱安置於子午卯酉、寅申巳亥、乾巽坤艮等十二個方位。因為子午為天中，卯酉為天橫，寅申巳亥為四長生，乾為天門，巽為地戶，坤為人門，艮為鬼路，故不宜造廁。

座山	吉利方位
壬山	乙辛辰戌丑未
子山	乙辛辰戌丑未
癸山	壬丙辰戌丑未
丑山	乙辛甲庚丁癸
艮山	辰戌甲庚乙辛
寅山	甲庚辰戌丑未
甲山	丁癸辰戌丑未
卯山	辰戌乙辛丁癸
乙山	甲庚辰戌丑未
辰山	甲庚壬丙丁癸
巽山	丑未丙壬丁癸
巳山	甲庚辰戌丑未

座山	吉利方位
丙山	辰戌乙辛丁癸
午山	乙辛辰戌丑未
丁山	甲庚辰戌丑未
未山	丁癸丙壬乙辛
坤山	辰戌甲庚乙辛
申山	丁癸丑未丙壬
庚山	辰戌乙辛丁癸
酉山	辰戌丙壬丁癸
辛山	辰戌丑未丙壬
戌山	丙壬乙辛丁癸
乾山	丙壬丑未丁癸
亥山	辰戌丑未甲庚

【第七章】屋形凸出或凹陷之疾病論斷

第一節 如何判斷不規則房子的吉凶好壞

陽宅分外陽宅及內陽宅，外陽宅是指屋的外觀，內陽宅是指屋內的佈局，本單元是要診斷外陽宅的外觀有無凸出或凹陷之情況，如果有又會產生什麼影響，以下就來做更詳細的說明。

1、如經診斷屋宅在乾位（西北方）有凸出或凹陷之情況：

所以家中的【老父】要特別注意有頭疾、氣管炎、筋骨痠痛、腦病、腸炎、感冒遲癒等毛病發生。

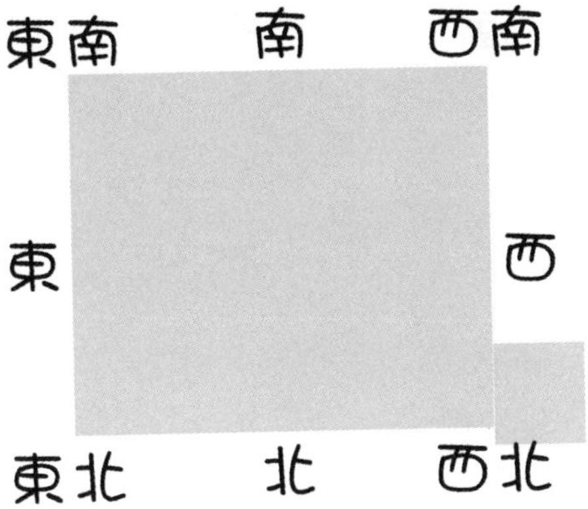

2、如經診斷屋宅在艮位（東北方）有凸出或凹陷之情況：

所以家中的【少男】要特別注意有呼吸系統、皮膚炎、風濕關節痠痛、腫瘤、車禍等毛病發生。

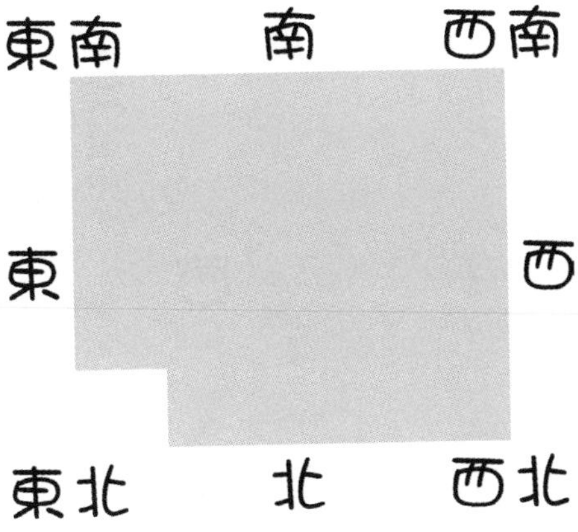

3、如經診斷屋宅在坎位（北方）有凸出或凹陷之情況：

所以家中的【中男】要特別注意有泌尿系統、腎、膀胱、耳塞、膽石等毛病發生。

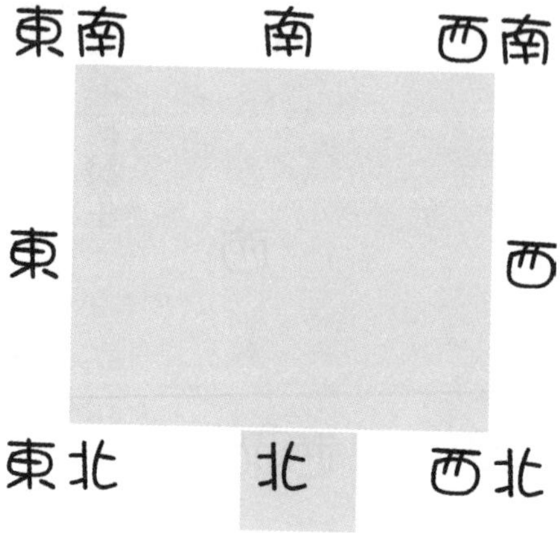

4、如經診斷屋宅在震位（東方）有凸出或凹陷之情況：

所以家中的【長男】要特別注意有免疫系統、肝、車禍、筋骨、手腳痠痛、神經失常等毛病發生。

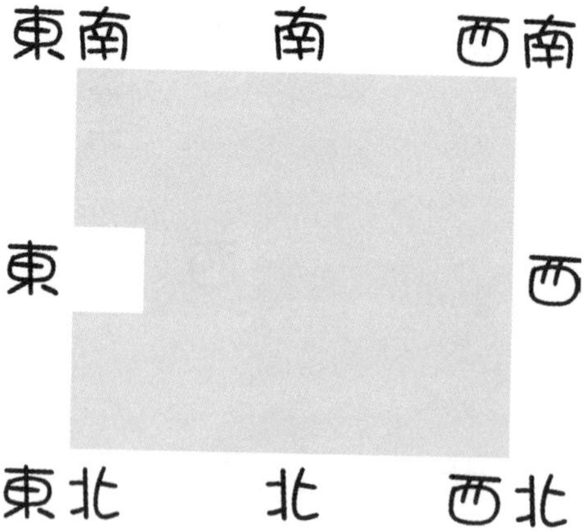

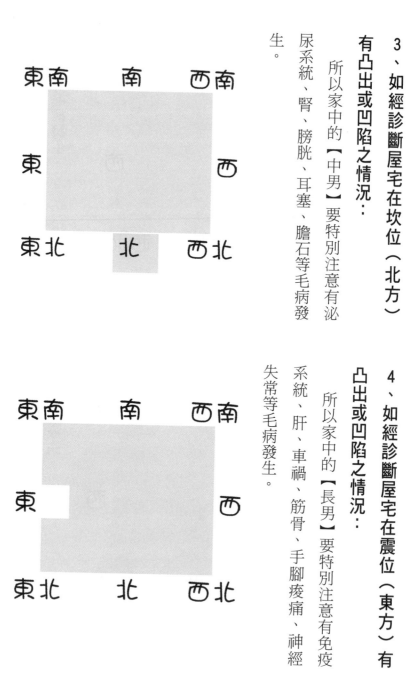

5、如經診斷屋宅在離位（南方）

有凸出或凹陷之情況：

所以家中的【中女】要特別注意有循環系統、心臟血管、中風、眼疾、頭痛等毛病發生。

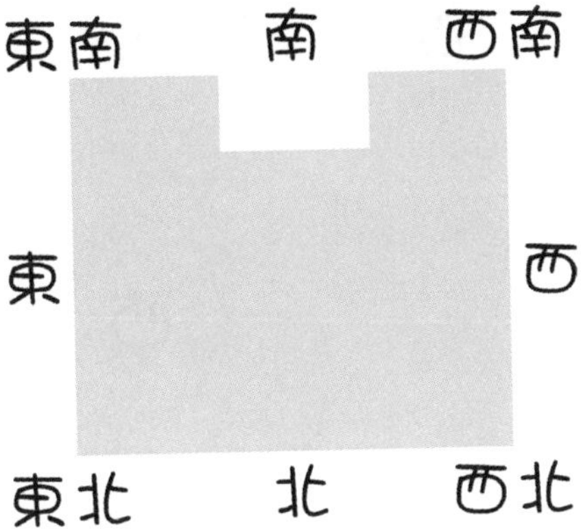

6、如經診斷屋宅在巽位（東南方）

有凸出或凹陷之情況：

所以家中的【長女】要特別注意有肝膽、痔瘡、氣喘、脊椎、坐骨神經、排泄、筋骨等毛病發生。

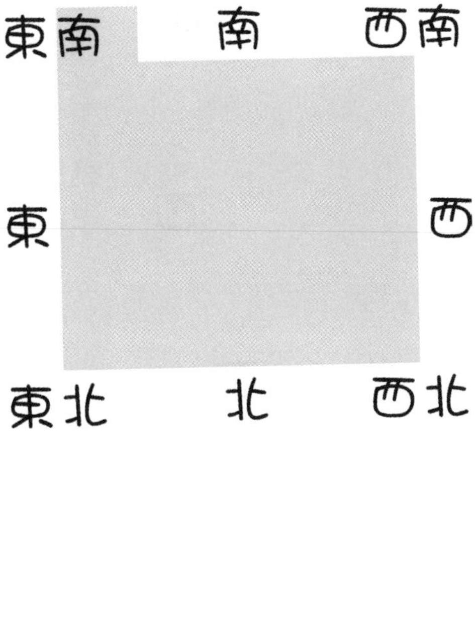

7、如經診斷屋宅在坤位（西南方）有凸出或凹陷之情況：

所以家中的【老母】要特別注意有腸胃、小產、脾虛、泌尿疾病等毛病發生。

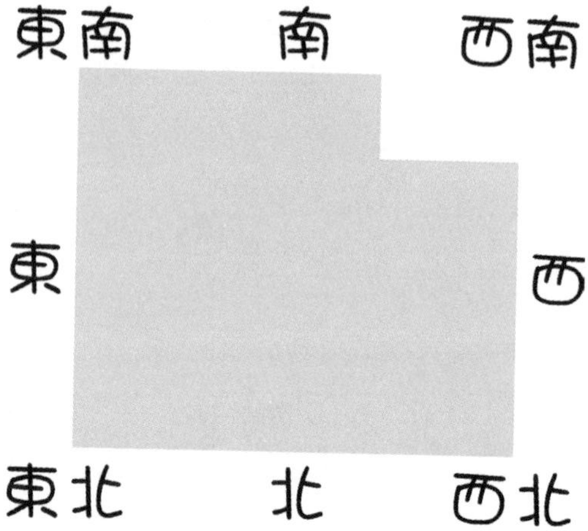

8、如經診斷屋宅在兌位（西方）有凸出或凹陷之情況：

所以家中的【少女】要特別注意有呼吸系統、腦神經衰弱、氣管炎、牙痛、鼻、肺不舒服等毛病發生。

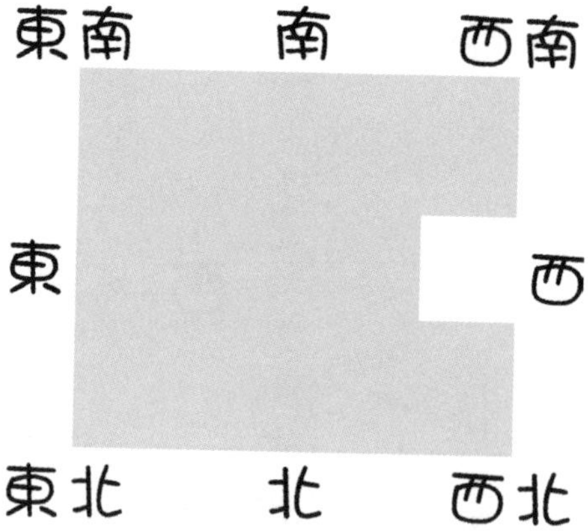

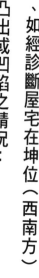

第二節 八宅派古法口訣盈缺吉凶論述

1、【坎宅屋基若缺巽，長房多死少年人】。

「座北朝南」的房子，若屋宅的「東南方」有缺角，主應長房多夭兒。

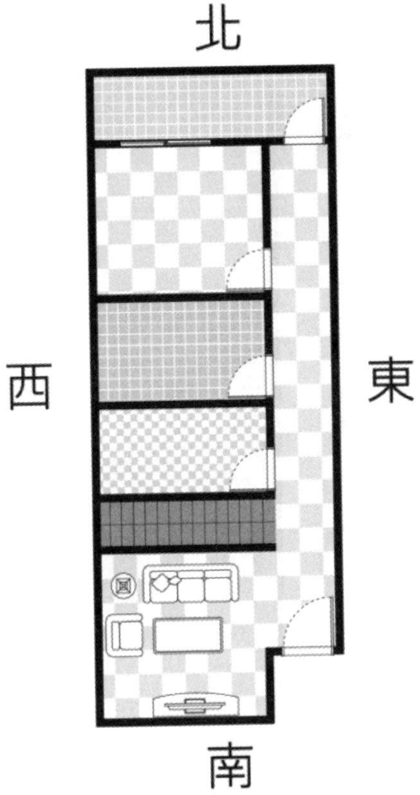

2、**【坤宅基址若缺艮，中房夭死少年人】**。

「座西南朝東北」的房子，若屋宅的「東北方」有缺角，主應二房多夭兒，若無二房則以長房論。

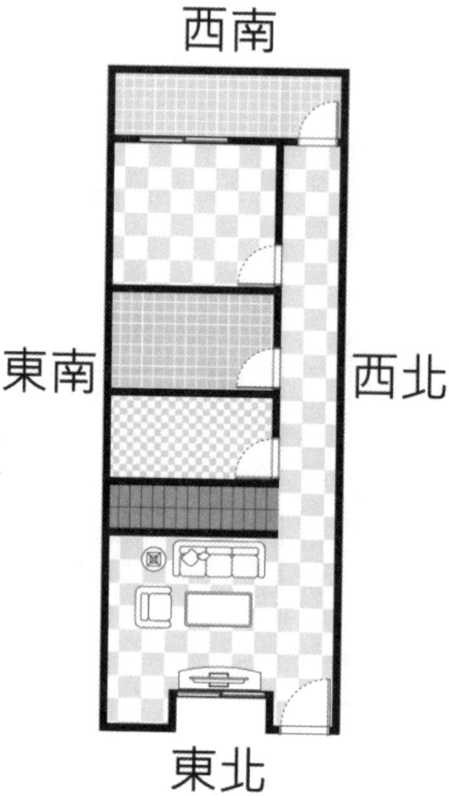

3、【震宅基地若缺乾，長房遺腹不須言】。

「座東朝西」的房子，若屋宅的「西北方」有缺角，主應長房男兒有災，妻懷有子息，但是父親卻已經不在人間之意。

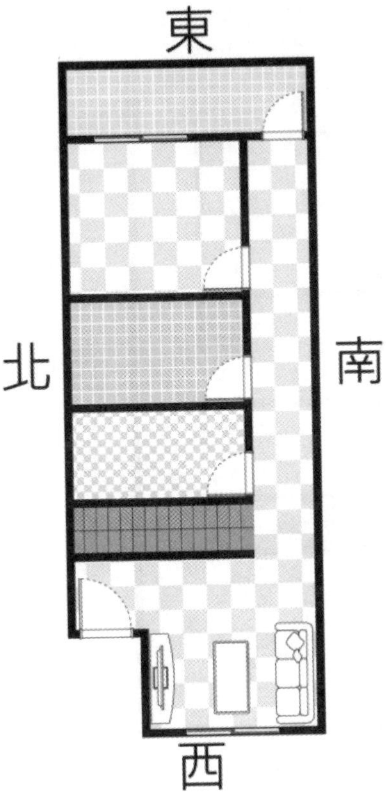

4、【巽宅基址若缺震，長房一定夭無人】。

「座東南朝西北」的房子，若屋宅的「東方」有缺角，主應長房無後為繼。

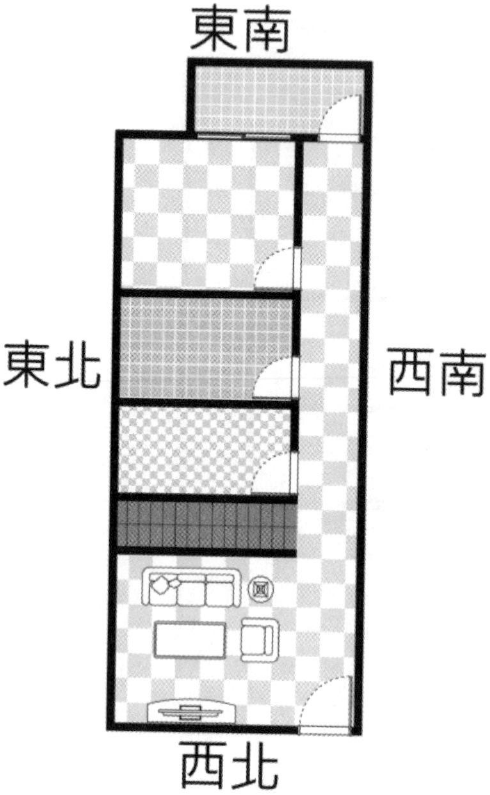

5、【乾宅屋基若缺離，中房有女瞎無疑】。

「座西北朝東南」的房子，若屋宅的「南方」有缺角，主應二房女兒，會有眼睛弱視或視力不佳的毛病。

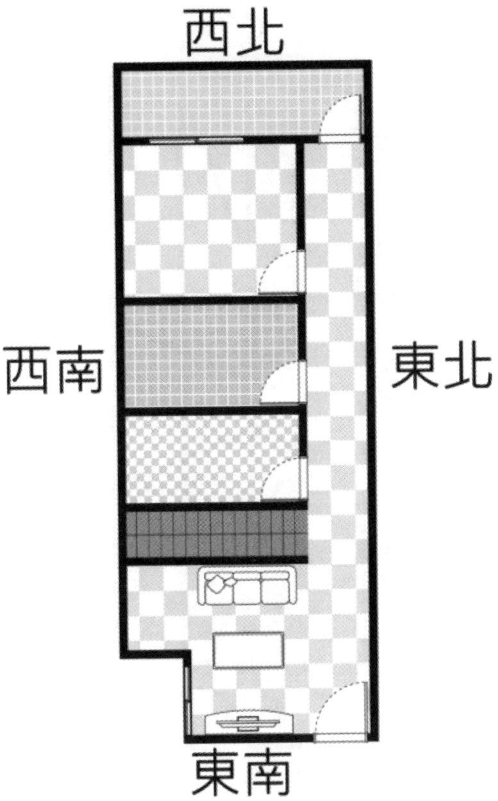

6、【兌宅基址缺無窮，諸房消滅一場空】。

「座西朝東」的房子，不管缺角在任何一方，主應諸房有災。

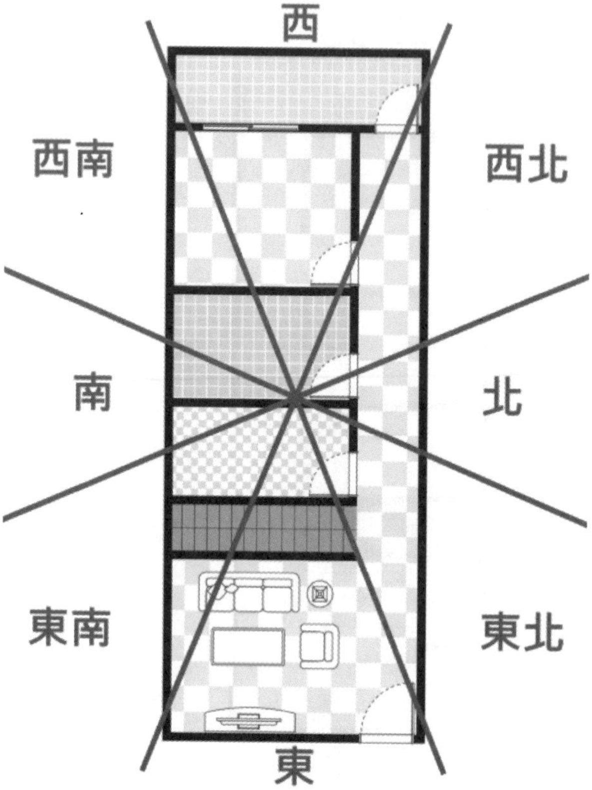

7、【艮宅基址若缺坤，長房無子誰人問】。

「座東北朝西南」的房子，若屋宅的「西南方」有缺角，主應倒長房。

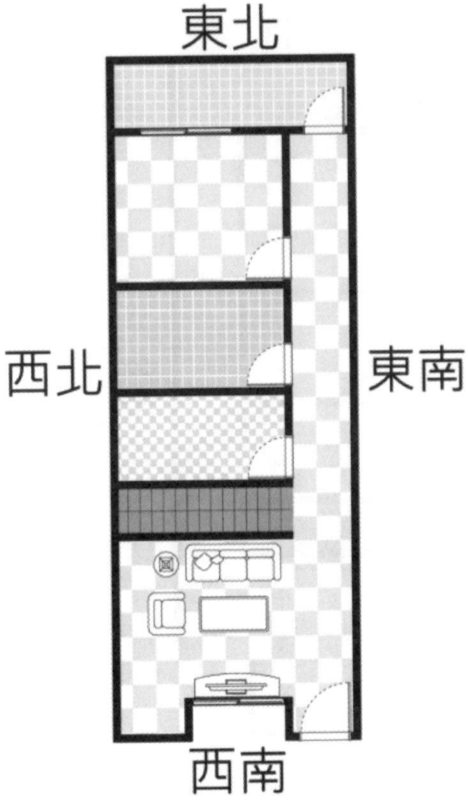

8、【離宅基址若缺乾，長房無子不待言】。

「座南朝北」的房子，若屋宅的「西北方」有缺角，主應倒長房。

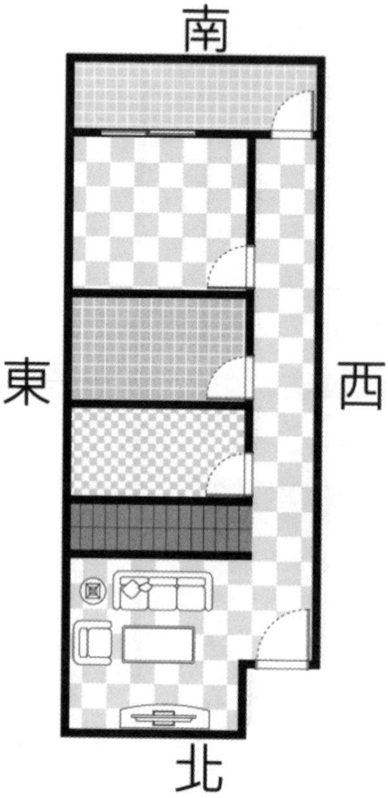

9、【坎宅屋基若盈乾，老翁花酒不須言】。

「座北朝南」的房子，若屋宅的「西北方」有凸出，主應家中老父酗酒成癮。

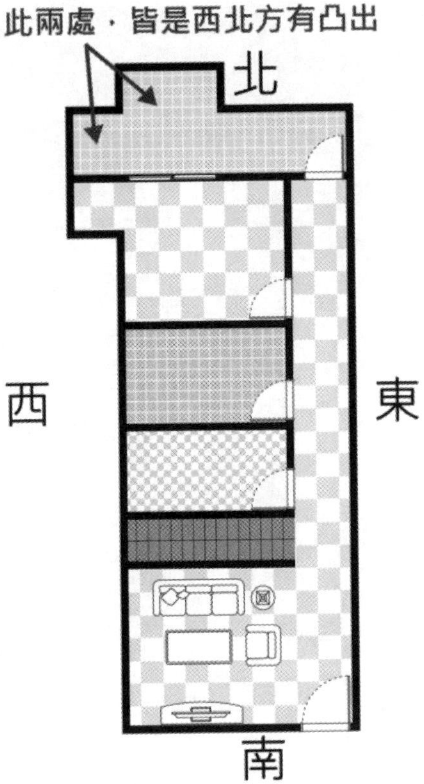

265
260
255
250
245
240

【第八章】三合八煞黃泉，屋宅水路之論斷

第一節 三合派水法論定好水與壞水之差異

黃泉訣（亦稱殺人黃泉），黃泉是八宅派的水法，依水局的流向產生貧富現象。水即代表【財】，水與馬路同論，不論坐山與來龍，只論向。黃泉煞只論天干，故除了戊己土之外，另有八天干，八天干之水流，以順時針來水為吉，逆時針來水則凶。吉者可救貧，凶者為殺人黃泉。

八煞黃泉：

庚丁坤上是黃泉，坤向庚丁不可言。
乙丙須防巽水先，巽向乙丙禍亦然。
甲癸向中休見艮，艮見甲癸凶百年。
辛壬水路怕當乾，乾向辛壬禍漫天。

陽天干	陰天干
庚向由坤方來水則吉，去水則凶	丁向由坤方去水則吉，來水則凶
丙向由巽方來水則吉，去水則凶	乙向由巽方去水則吉，來水則凶
甲向由艮方來水則吉，去水則凶	癸向由艮方去水則吉，來水則凶
壬向由乾方來水則吉，去水則凶	辛向由乾方去水則吉，來水則凶

八天干之水流，以順時針來水為吉，逆時針來水則凶。吉者可就貧，凶者為殺人黃泉（陰陽宅同論）。黃泉方忌門路沖射、屋角、屋脊、電線桿、水塔、高牆欄杆、大石土堆、煙囪、大樹、水路、電塔、尖角等，犯之為不利，禍害尤速矣！

水法當然要收好水、出壞水。十二長生水法訣：「長生、冠帶、臨官、帝旺、養是好水；沐浴、病、死、墓、絕、胎是壞水」。但最好是彎曲環抱有情，勿直來直往為宜。

長生、養水：宜來不宜出，來水主先發長房，後則房房均發，表示富貴隆昌、後裔興旺。

冠帶水：宜來不宜出，來水主先發長房，後則房房均發，表示功成名就、宏業日榮。

臨官水：宜來不宜出，來水主諸房皆發，表示人口興旺、子孫得福。

帝旺水：宜來不宜出，來水主中房發，表示衣食富足、官貴隆昌。

十二長生水法斷訣：

1、**長生、養水（貪狼星）**：水宜來不宜出。

第一養生水到堂，貪狼星照顯文章，長房兒孫多富貴，人丁昌盛性忠良，水大曲朝官職重，大小灣環福壽長，養生流破終須絕，少年寡婦坐空房。

2、**沐浴水（文曲星）**：水宜出不宜來。

沐浴水來犯桃花，女子淫亂不由他，投河自縊隨人走，血病官災破敗家，
子午方來田業盡，卯酉流來好賭奢，若還流破生神位，胎墮淫聲帶鎖枷。

3、冠帶水（文昌星）：水宜來不宜出。

冠帶水來人聰慧，雅致風流好賭奢，七歲兒童能詩賦，文章博士萬人誇，
水神流去最為凶，幼齡兒童死不休，更損深閨嬌態女，此方停蓄乃為佳。

4、臨官水（武曲星）：水宜來不宜出。

臨官位上水聚墳，祿馬朝元喜氣新，少年早入青雲路，賢相籌謀佐聖君，
最忌此方砂水去，成材之子早歸陰，家中寡婦常啼哭，財穀空虛徹骨貧。

5、帝旺水（武曲星）：水宜來不宜出。

帝旺水朝聚明堂，一團旺氣發莊田，官高爵重威名顯，金穀豐盈有剩錢，
最怕休囚來激散，石崇富貴不多年，旺方流去財祿薄，乏食貧窮怨上天。

6、衰水（巨門星）：來水或去水皆不忌。

衰方管局巨門星，學堂水到發聰明，少年及第文章貴，文旺財高金滿盈。

衰向逆朝水來歸，竅通胎處是真情，橫龍逆結水倒右，百步歸庫玉堂聲。

7、病死水（廉貞星）：水宜出不宜來。

病死二方水莫來，天門地戶不為乖，更有科名官爵顯，水若斜飛起禍災，損妻毒藥刀兵禍，軟腳瘋癱女墮胎，必主其家遭此病，瘋癆痼癟瘦形骸。

8、墓水（破軍星）：水宜出不宜來。

墓庫之方水怕臨，破軍流去反為真，陣上揚名文武貴，池湖關蓄富如春，蕩然直去家資散，久債終年不了人，水來充軍千里外，三男二女總凋零。

9、絕胎水（祿存星）：水宜出不宜來。

絕胎水到不生兒，無孕無胎絕後嗣，縱使有胎難養育，夫妻父子各分離，水大婦人淫亂走，水小私情暗會期，此方只宜為水口，祿存流盡佩金魚。

第二節 八煞黃泉吉凶口訣論述

內層地盤正針用於行龍定向，外層天盤縫針是為納水之用。天盤縫針有所謂的雙山五行是由二十四山組合成為十二支雙山，亦即：壬子、癸丑、艮寅、甲卯、乙辰、巽巳、丙午、丁未、坤申、庚酉、辛戌、乾亥。

十二長生均以地支為論，故若碰上天干或四維位，則當以同雙山之五行為主。如坤與申為同雙山五行，巽與巳為同雙山五行，艮與寅為同雙山五行，乾與亥為同雙山五行，以此類推。

1、**【庚丁坤上是黃泉，坤向庚丁不可言】**。

庚金長生在巳、沐浴在午、冠帶在未、臨官在申，坤申為同雙山五行，故庚向坤方為臨官方來水為吉，去水為凶。

丁火長生在酉、沐浴在申，坤申為同雙山五行，故丁向坤方為沐浴方來水為凶，去水為吉。

陽天干：庚向由坤方來水則吉，去水則凶；
陰天干：丁向由坤方去水則吉，來水則凶。

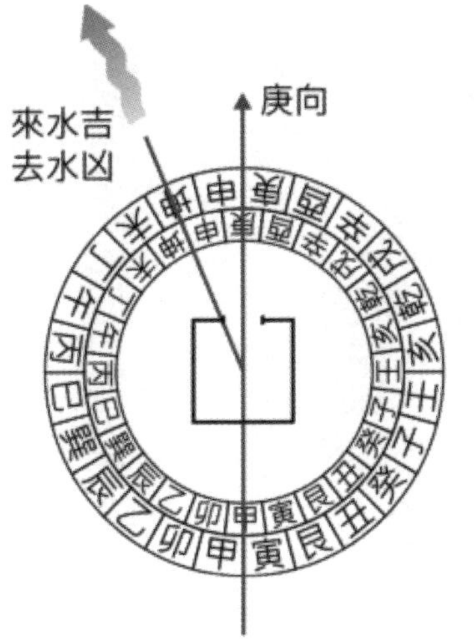

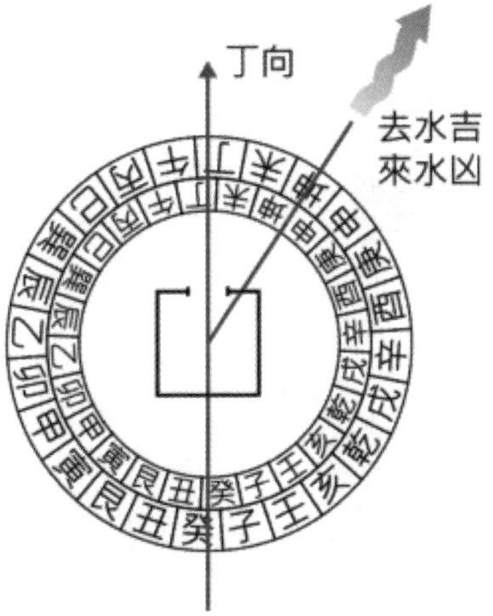

2、【乙丙須防巽水先，巽向乙丙禍亦然】。

丙火長生在寅、沐浴在卯、冠帶在辰、臨官在巳，巽巳為同雙山五行，故丙向巽方為臨官方來水為吉，去水為凶。

乙木長生在午、沐浴在巳，巽巳為同雙山五行，故乙向巽方為沐浴方來水為凶，去水為吉。

陽天干：丙向由巽方來水則吉，去水則凶；

陰天干：乙向由巽方去水則吉，來水則凶。

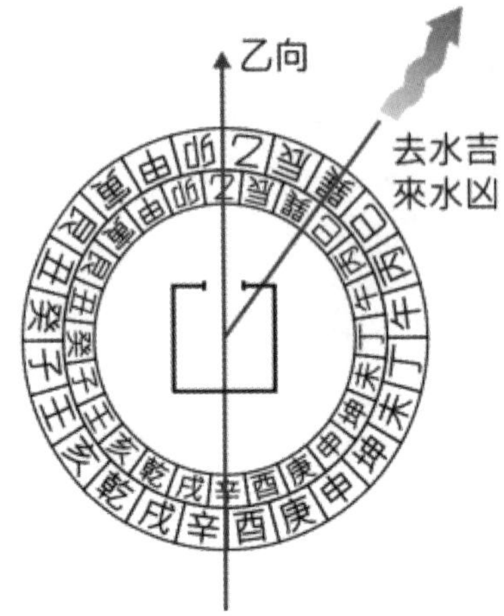

3、【甲癸向中休見艮，艮見甲癸凶百年】。

甲木長生在亥、沐浴在子、冠帶在丑、臨官在寅，艮寅為同雙山五行，故甲向艮方為臨官方來水為吉，去水為凶。

癸水長生在卯、沐浴在寅，艮寅為同雙山五行，故癸向艮方為沐浴方來水為凶，去水為吉。

陽天干：甲向由艮方來水則吉，去水則凶；

陰天干：癸向由艮方去水則吉，來水則凶。

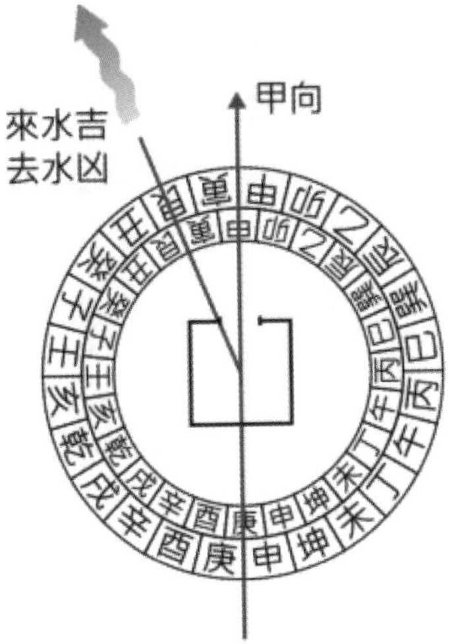

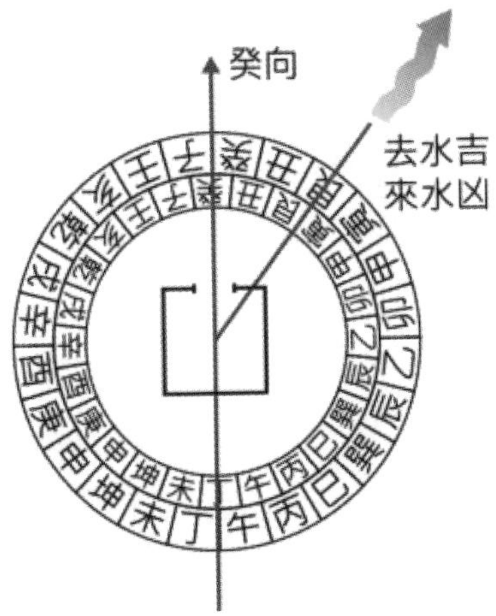

4、【辛壬水路怕當乾，乾向辛壬禍漫天】。

壬水長生在申、沐浴在酉、冠帶在戌、臨官在亥，乾亥為同雙山五行，故壬向乾方為臨官方來水為吉，去水為凶。

辛金長生在子、沐浴在亥，乾亥為同雙山五行，故辛向乾方為沐浴方來水為凶，去水為吉。

陽天干：壬向由乾方來水則吉，去水則凶；

陰天干：辛向由乾方去水則吉，來水則凶。

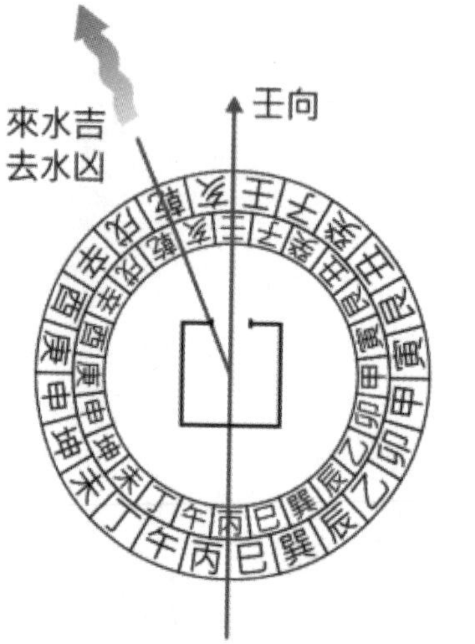

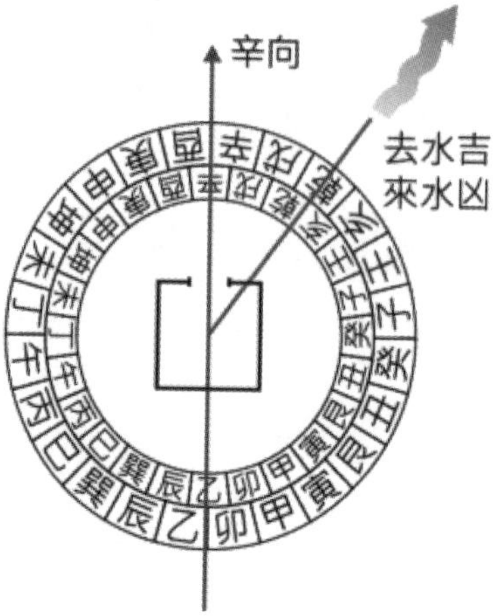

【第九章】運用八宅派求得婚姻的方法

第一節 如何求得好姻緣好桃花

1、如何求得好姻緣：

要想求得好姻緣，首先房子一定要保持整齊與清潔，尤其是臥房之內。

除了平時祈求月下老人與七星娘娘的祝福之外，最重要的是在屬於姻緣方與掌管愛情、幸福的「西南方」做好風水的佈局。我們都知道人造水晶，能夠吸納陽光的熱能，然後儲存好的陽性能量，不管您是屬於任何一種命卦，此時可將能量水晶置放於客廳與臥室的西南方，增強愛情和諧的正面能量。不過要謹記，任何有形的物體，都必須要經過淨化與加持，才能夠強化水晶的力量。

另外若是剛好廁所位於宅內的西南方，則結婚的意願往往會無緣無故的由濃轉淡。當然現今的家庭居住的空間已經不足，不可能將其封鎖而不用，此時可以在廁所處懸掛「桃木蓮花八卦」或是「木製的風鈴」，將廁所內所散發不好的能量給制化，便能夠轉化而啟動幸福的能量磁場。更可以在臥房的西南方，於月圓之時，放置七朵無刺玫瑰及一朵百合花，枯萎時要立即更換，連續七七四十九天之後，即可招來好桃花。

2、如何求得好桃花：

桃花位有分為本命桃花、宅桃花、流年桃花三種。

(1)、本命桃花：

生肖申子辰在酉方（西方）。

生肖巳酉丑在午方（南方）。

生肖寅午戌在卯方（東方）。

生肖亥卯未在酉方（北方）。

(2)、住宅桃花：

坐北向南（坎宅）：桃花位在酉（西方）。

坐南向北（離宅）：桃花位在卯（東方）。

坐東向西（震宅）：桃花位在子（北方）。

坐西向東（兌宅）：桃花位在午（南方）。

坐東南向西北（巽宅）：桃花位在子（北方）。

坐西北向東南（乾宅）：桃花位在午（南方）。

坐東北向西南（艮宅）：桃花位在酉（西方）。

坐西南向東北（坤宅）：桃花位在酉（西方）。

(3)、流年桃花：以流年地支為主，年份與生肖相同。

流年申子辰在酉方（西方）。

流年巳酉丑在午方（南方）。

流年寅午戌在卯方（東方）。

流年亥卯未在酉方（北方）。

佈置桃花位有以下幾種方法：

①、桃花位可佈置鮮花，花謝了馬上換掉，至少要有七次以上的更換，方可停止。

②、擺一對娃娃，男娃娃背寫（麒麟到此），女娃娃背寫（鳳凰到此），用黃紙黑毛筆字寫。若已經有對象，男娃娃背寫（女方的姓名及生辰），女娃娃背寫（男方的姓名及生辰）。

③、可以在各自的桃花位，於臥房內放置不同的幸運物，每天雙手合十祈求好桃花的到來。

生肖申子辰，可以在西方擺放心形的金飾或是金色代表愛情的幸運物。

生肖巳酉丑，可以在南方擺放一盞明亮的燈，每天點亮。

生肖寅午戌，可以在東方擺放一對木製鴛鴦或是一對男女佳偶。

生肖亥卯未，可以在北方擺放藍色水晶或是琉璃天鵝一對。

一般均在房間佈置個人桃花，因為住宅桃花乃針對家中的每一份子，若有已婚者住在其中，走「桃花運」卻都是負面的多，稱之為「濫桃花」或是「桃花劫」。

不管使用哪一種方式，在睡覺前要用心冥想結婚或交往的情景，持續七七四十九天，同時在房間佈置一些溫馨圖畫，如此姻緣桃花便會悄悄進來了。

個人先天桃花位催旺法

出生年支	桃花位五行	花瓶顏色	花朵數目	轉運金牌
亥（豬）卯（兔）未（羊）	子 1·6 水	金	1·6	子
巳（蛇）酉（雞）丑（牛）	午 2·7 火	木	2·7	午
寅（虎）午（馬）戌（狗）	卯 3·8 木	水	3·8	卯
申（猴）子（鼠）辰（龍）	酉 4·9 金	黃	4·9	酉

如桃花位與五黃位同宮不用

第二節 想結婚而姻緣不現，如何調整

俗語說：男大當婚、女大當嫁。顯然在現代的社會上，愈來愈多人挑戰這項原則了，大概現代的年輕人愈來愈有自主權的關係。但站在研究陽宅學的理論來談，我們也提供了一些方法讓真的想結婚，也一直努力在尋找婚姻的朋友們，一些陽宅改善法，效果非常顯著，不妨試看看喔！

乾命之人斷婚姻吉凶與求得婚姻之方法：

1、如乾命之人婚姻難成，宜改灶位，坐本命之凶方，而灶口向本命延年位「坤」方。

2、並將臥床移至本命延年位「坤」方。

3、六個月後加上其他催婚（增強桃花）的方法，即有可能娶妻。

4、參考第一節之方法可加強機運。

坤命之人斷婚姻吉凶與求得婚姻之方法：

1、坤命之男女宜配「艮」命之女男為生氣大吉。

2、坤命之男女宜配「乾」命之女男為延年大吉。

3、坤命之男女宜配「兌」命之女男為天醫大吉。

4、求婚宜將床安本命之延年位「乾」方，則婚姻緣較快速早成，約六個月後加上催婚（增強桃花）的方法，即有可能娶妻。

5、灶口向本命延年位「乾」方。

艮命之人斷婚姻吉凶與求得婚姻之方法：

1、如艮命之人婚姻難成，宜改灶位，坐本命之凶方，而灶口向本命之延年位「兌」方。

2、並將臥床亦移至本命之延年位「兌」方，六個月後加上催婚（增強桃花）的方法，即有可能娶妻。

3、艮命之男女宜配「乾」命之女男為天醫大吉。

4、艮命之男女宜配「坤」命之女男為生氣大吉。

5、艮命之男女宜配「兌」命之女男為延年大吉。

6、艮命之男女不宜配「巽」命之女男為絕命大凶。

7、艮命之男女不宜配「震」命之女男為六煞大凶。

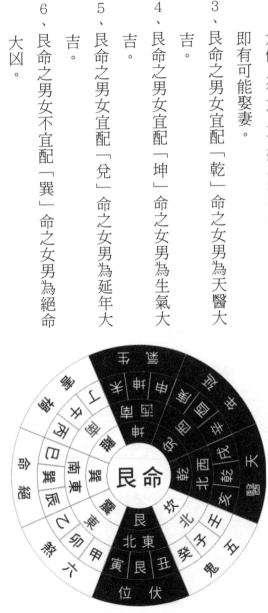

8、艮命之男女不宜配「離」命之女男為禍害大凶。

9、艮命之男女不宜配「坎」命之女男為五鬼大凶。

兌命之人斷婚姻吉凶與求得婚姻之方法：

1、兌命之人婚姻慢或難成，宜改灶位，坐本命之凶方，灶口向本命之延年位「艮」方。

2、並將床亦移至本命之延年位「艮」方，六個月後加上催婚（增強桃花）的方法，即有可能娶妻。

3、兌命之男女宜配「艮」命之女男為延年大吉。

4、兌命之男女宜配「乾」命之女男為生氣大吉。

5、兌命之男女宜配「坤」命之女男為天醫大吉。

6、兌命之男女不宜配「巽」命之女男為六煞大凶。

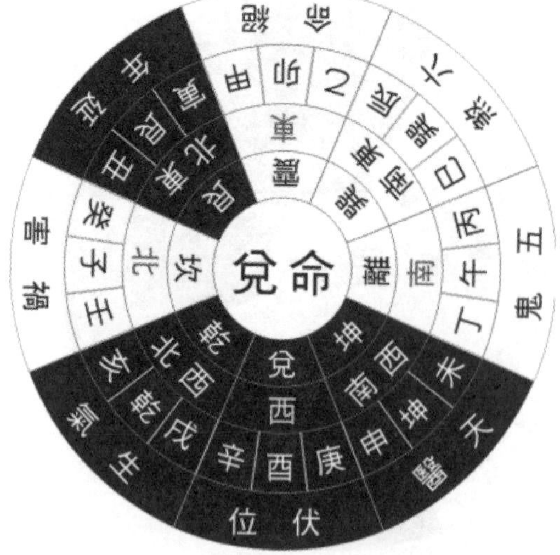

7、兌命之男女不宜配「震」命之女男為絕命大凶。

8、兌命之男女不宜配「坎」命之女男為禍害大凶。

9、兌命之男女不宜配「離」命之女男為五鬼大凶。

坎命之人斷婚姻吉凶與求得婚姻之方法：

1、坎命之男女宜配「巽」命之女男為生氣大吉。

2、坎命之男女宜配「離」命之女男為延年大吉。

3、坎命之男女宜配「震」命之女男為天醫大吉。

4、求婚宜將床安本命之延年位「離」方，則婚姻緣較快速早成，約六個月後加上催婚（增強桃花）的方法，即有可能娶妻。

5、灶口向本命延年位「離」方。

震命之人斷婚姻吉凶與求得婚姻之方法：

1、震命之男女宜配「離」命之女男為生氣大吉。

2、震命之男女宜配「巽」命之女男為延年大吉。

3、震命之男女宜配「坎」命之女男為天醫大吉。

4、求婚宜將床安本命之延年位「巽」方，則婚姻緣較快速早成，約六個月後加上催婚（增強桃花）的方法，即有可能娶妻。

5、灶口向本命延年位「巽」方。

巽命之人斷婚姻吉凶與求得婚姻之方法：

1、巽命之男女宜配「坎」命之女男為生氣大吉。

2、巽命之男女宜配「震」命之女男為延年大吉。

3、巽命之男女宜配「離」命之女男為天醫大吉。

4、求婚宜將床安本命之延年位「震」方，則婚姻緣較快速早成，約六個月後加上催婚（增強桃花）的方法，即有可能娶妻。

5、灶口向本命延年位「震」方。

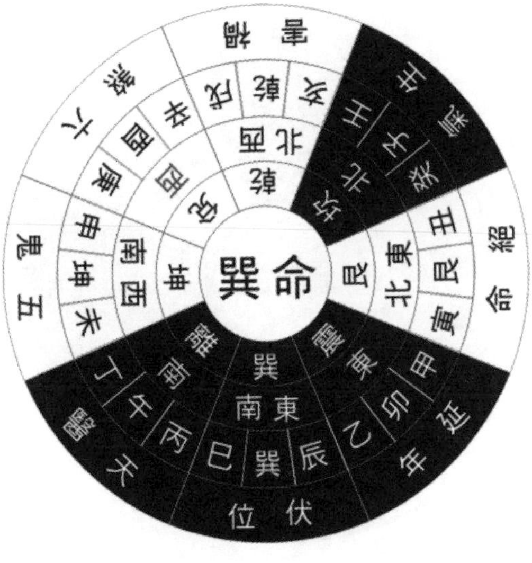

離命之人斷婚姻吉凶與求得婚姻之方法：

1、離命之男女宜配「震」命之女男為生氣大吉。

2、離命之男女宜配「坎」命之女男為延年大吉。

3、離命之男女宜配「巽」命之女男為天醫大吉。

4、求婚宜將床安本命之延年位「坎」方，則婚姻緣較快速早成，約六個月後加上催婚（增強桃花）的方法，即有可能娶妻。

5、灶口向本命延年位「坎」方。

【第十章】運用八宅派求得子息的方法

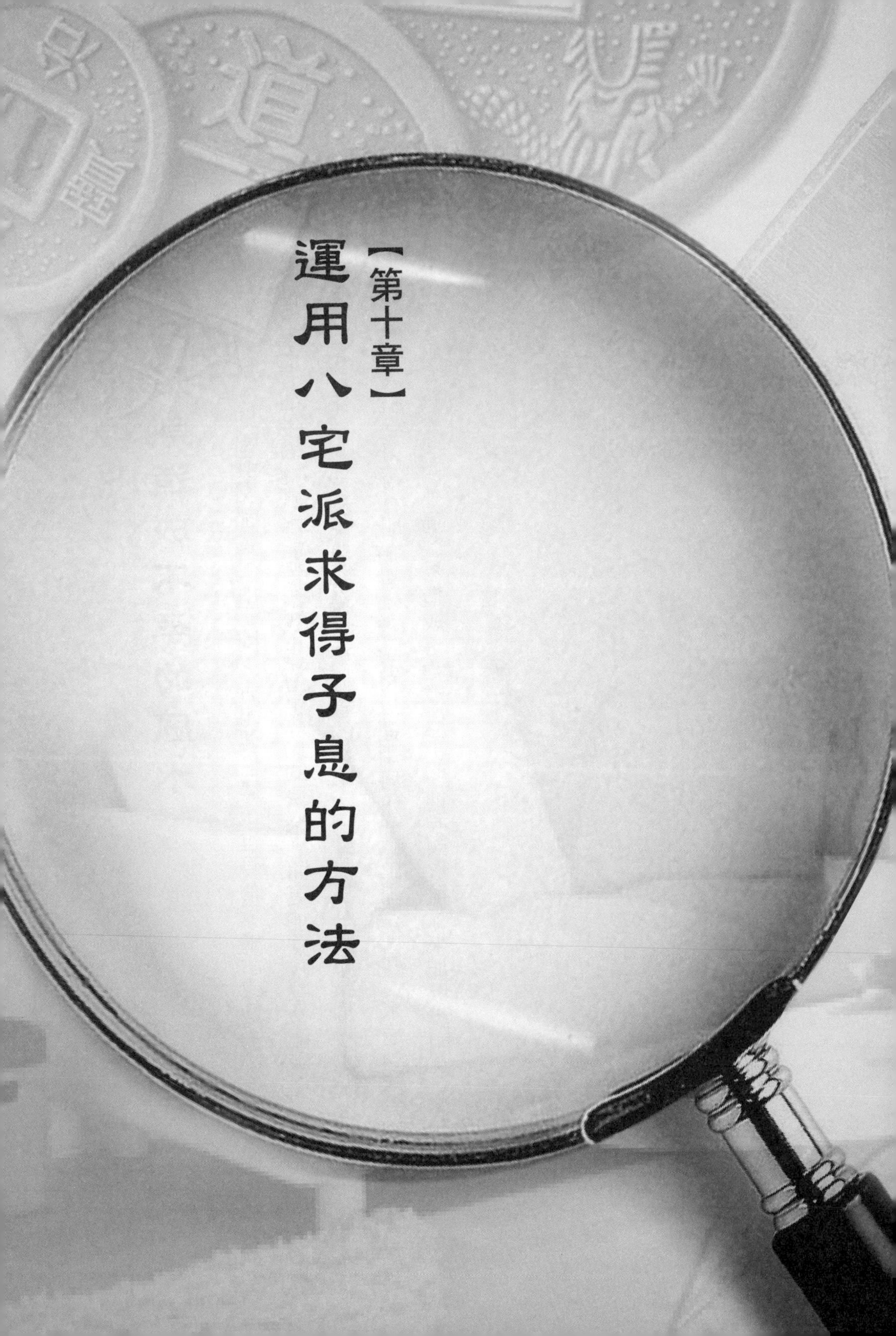

第一節 內外形煞造成不孕的風水

每個人學習風水的出發點都會有所不同，有祖傳世襲，也有為了生活或是一技之長在身而學習，但是筆者卻是因為風水能帶給我生活中無比的快樂，而更加強我學習風水的動力。好比從醫學的觀點來論，一對夫妻經過各項檢查的結果，身體各方面都沒有問題，也沒有節育計畫，但就是遲遲不孕，此時就有機會可以運用風水的勘察與佈局，來達到傳宗接代的目的。以下就介紹一些內外局容易造成不孕或傷丁的佈局與形煞，來加以說明。

1、【宅逢大小空，居者永難鬆】。

離巽震艮坤兌乾坎八個卦位，卦位與卦位的交界線，稱之為「大空亡」線，住宅立此大空亡線，定主家中易鬧鬼，財丁難雙全，家中人員相處不和睦，絕子絕嗣，怪病叢生，怪事連連。二十四山與二十四山的交界線，稱之為「小空亡」線，住宅立此小空亡線，雖然不至於有大空亡線如此嚴重的現象，但還是主進退不安，錢財難聚，家中不寧。

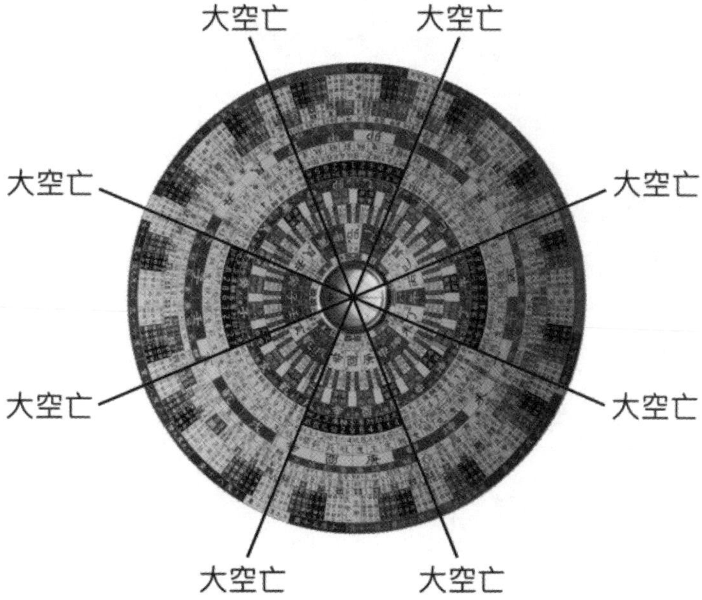

2、【三角六更，必損人丁】。

有些屋宅為了造型特殊，在頂樓蓋有涼亭，本身屋體結構沒有長方四正，而且又是尖尖角角的獨特設計，則主傷人丁，處處刑害。

3、【床對尖形物，生兒育女無】。

床鋪前、後、左、右、上、下有尖銳之形煞沖射，表示不容易受胎，就算受胎也很容易流產，且易造成眼疾及頭痛，若逢鄰宅屋角尖角沖射亦同論。

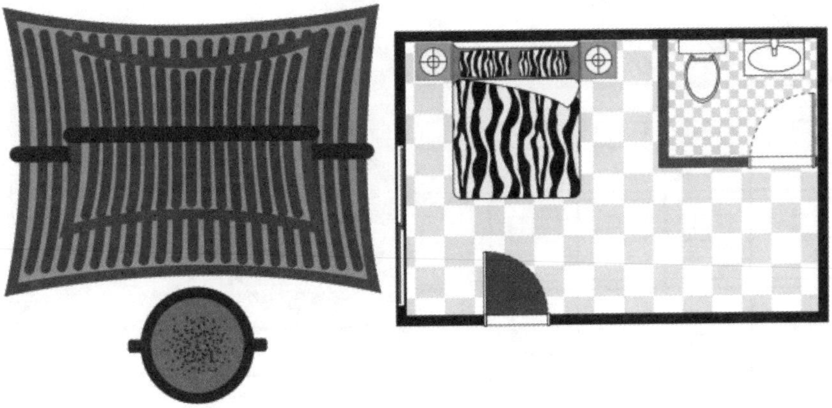

4、【何知人家宅少人，後頭來龍無氣脈】。

陽宅左後方地勢低窪又無靠。陽宅左青龍與後玄武方為陽，所以必須要有靠，不宜為馬路或低矮的建築物，此為不孕或傷丁之格局。

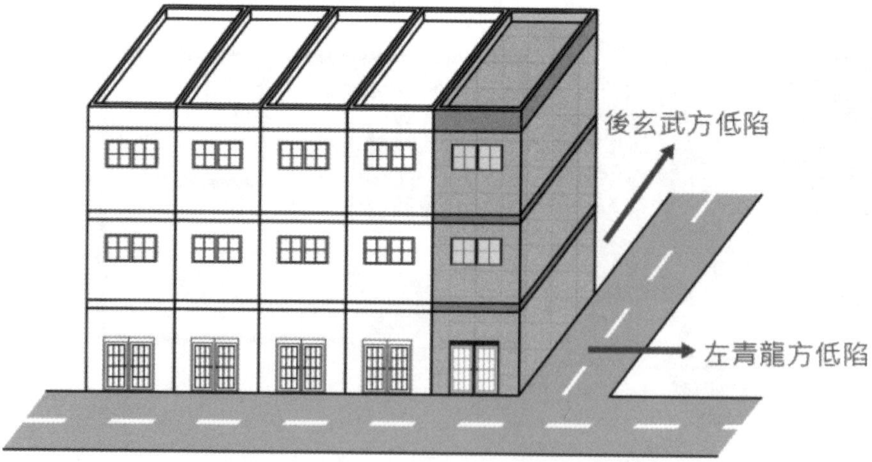

5、【路大屋小不是沖，屋大路小暗箭逢】。

門前馬路直沖，若路的寬度約為門面的三倍或以上，則只依明堂論。而路形小於本宅謂之路沖，故除了易有意外血光、災厄、事業不順等不好的現象之外，更會形成一把暗箭，而造成不孕的現象。

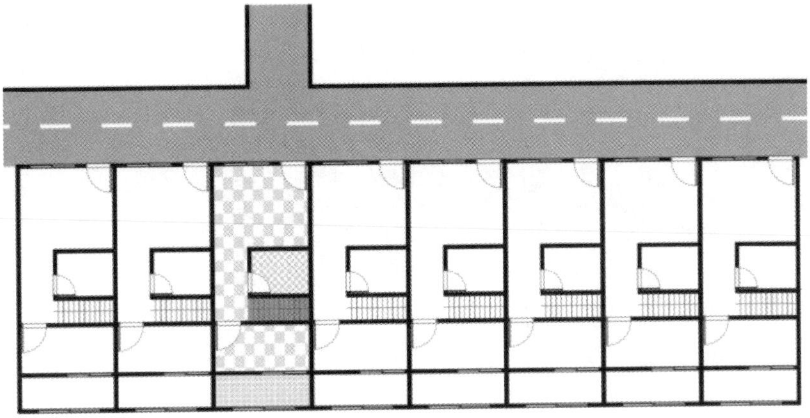

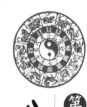

第二節　八宅派子孫歌訣吉凶論述

八宅派子孫歌訣曰：

貪生五子巨三郎，武曲金星四子強，獨火廉貞兒兩個，輔弼只是半兒郎，文曲水星僅一子，破軍絕命守孤孀，祿存無子人延壽，生剋休囚仔細詳。

此歌訣可以男女婚配論子息數，亦可以床位、灶口論子息。

1、男女婚配論：

(1)、夫妻婚配命卦如：乾兌、離震、巽坎、艮坤為「生氣」之組合，主生五子。

(2)、夫妻婚配命卦如：乾坤、離坎、震巽、艮兌為「延年」之組合，主生四子。

(3)、夫妻婚配命卦如：乾艮、兌坤、離巽、震坎為「天醫」之組合，主生三子。

(4)、夫妻婚配命卦如：乾乾、兌兌、離離、震震、巽巽、坎坎、艮艮、坤坤為「伏位」之組合，主多生女，少有生子。

(5)、夫妻婚配命卦如：乾震、兌離、巽坤、坎艮為「五鬼」之組合，主生二子。

(6)、夫妻婚配命卦如：乾坎、兌巽、離坤、震艮為「六煞」之組合，主生一子。

(7)、夫妻婚配命卦如：乾離、兌震、巽艮、坎坤為「絕命」之組合，主無子，且夫妻難偕老。

(8)、夫妻婚配命卦如：乾巽、兌坎、離艮、震坤為「禍害」之組合，主雖無子息，但卻可得壽。

2、安床位論：

(1)、床位安在本命「生氣」方，主生五子。

(2)、床位安在本命「延年」方，主生四子。

(3)、床位安在本命「天醫」方，主生三子。

(4)、床位安在本命「伏位」方，主多生女，少有生子。

(5)、床位安在本命「五鬼」方，主生二子。

(6)、床位安在本命「六煞」方，主生一子。

(7)、床位安在本命「絕命」方，主無子，且夫妻難偕老。

(8)、床位安在本命「禍害」方，主雖無子息，但卻可得壽。

3、安灶口論：

(1)、灶口面向本命「生氣」方，主生五子。
(2)、灶口面向本命「延年」方，主生四子。
(3)、灶口面向本命「天醫」方，主生三子。
(4)、灶口面向本命「伏位」方，主多生女，少有生子。
(5)、灶口面向本命「五鬼」方，主生二子。
(6)、灶口面向本命「六煞」方，主生一子。
(7)、灶口面向本命「絕命」方，主無子，且夫妻難偕老。
(8)、灶口面向本命「禍害」方，主雖無子息，但卻可得壽。

第三節 想生子而孩子緣不現，如何調整

俗語說：望子成龍、望女成鳳。自古就有養兒防老的觀念，顯然在現代的社會愈來愈多人不想生孩子，大概現代的年輕人愈來愈有自主權的關係。但還是有相當多數的人想生個孩子，站在研究陽宅學的理論來談，如果您已結婚多年而未能得子，我們也提供了一些方法讓真的想生小孩的朋友們，一些陽宅改善法，效果非常顯著，不妨試看看喔！

乾命之人求子息之方法：

1、如乾命之人久婚不孕，速改灶口向本命生氣位「兌」方，即可得子。

2、灶口向延年位「坤」方。

3、灶口向天醫位「艮」方。總之如求子，宜改灶口向生氣「兌」方即可得子孫，此為最靈驗。

4、如乾命之人，灶口向「震」方則犯五鬼。

5、灶口向「坎」方則犯六煞，此乃乾命之人大凶之方位。

6、灶口向「離」方絕命位，則主損傷子或不生育。

坤命之人求子息之方法：

1、如坤命之人灶口向「艮」方生氣位，好。

2、如坤命之人灶口向「乾」方延年位，好。

3、如坤命之人灶口向「兌」方天醫位，好。

4、如坤命之人灶口向「坤」方伏位，主多生女，少男丁。

5、如坤命之人灶口向「坎」方絕命位，可能無子。

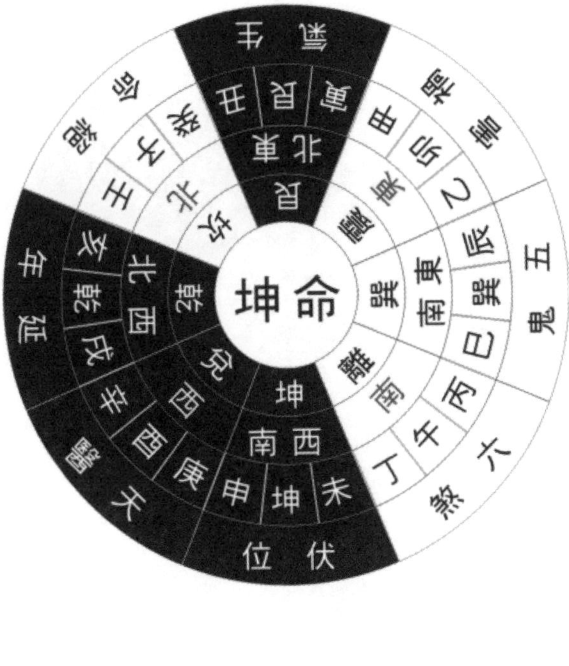

艮命之人求子息之方法：

1、如艮命之人灶口向「坤」方生氣位，好。

2、如艮命之人灶口向「兌」方延年位，好。

3、如艮命之人灶口向「乾」方天醫位，好。

4、如艮命之人灶口向「艮」方伏位，主多生女，少男丁。

5、如艮命之人灶口向「巽」方絕命位，可能無子，大凶。

6、如艮命之人灶口向「坎」方五鬼位不好。

7、如艮命之人灶口向「震」方六煞位不好。

8、如艮命之人灶口向「離」方禍害位，終無子。

兌命之人求子息訣：

1、兌命之人灶口向「乾」方生氣位，好。

2、兌命之人灶口向「艮」方延年位，好。

3、兌命之人灶口向「坤」方天醫位，好。

4、兌命之人灶口向「兌」方伏位，主多生女，少男丁。

5、兌命之人灶口向「震」方絕命位，可能無子，大凶。

6、兌命之人灶口向「離」方五鬼位。

7、兌命之人灶口向「巽」方六煞位。

8、兌命之人灶口向「坎」方禍害位，終無子。

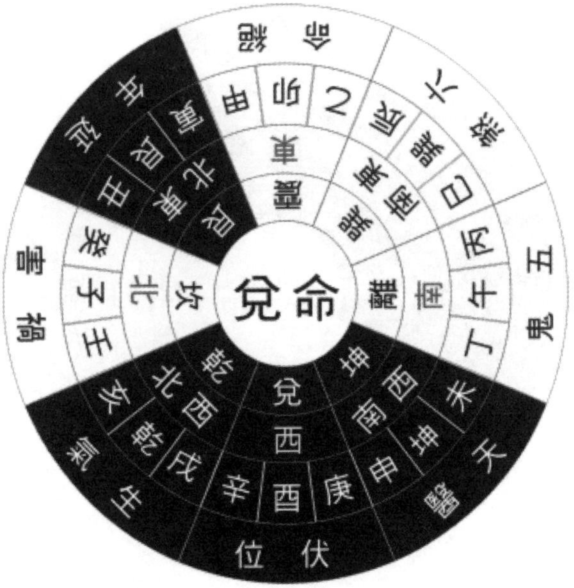

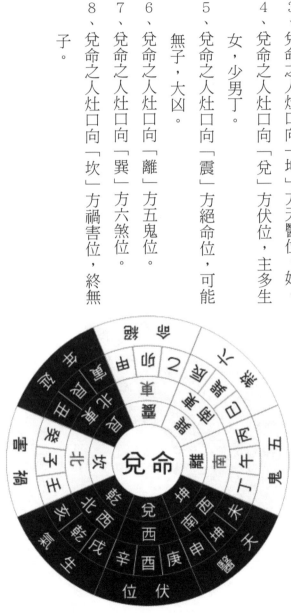

坎命之人求子息之方法：

1、如坎命之人灶口向「巽」方生氣位，好。

2、如坎命之人灶口向「離」方延年位，好。

3、如坎命之人灶口向「震」方天醫位，好。

4、如坎命之人灶口向「坎」方伏位，主多生女，少男丁。

5、如坎命之人灶口向「坤」方絕命位，可能無子或多生女。

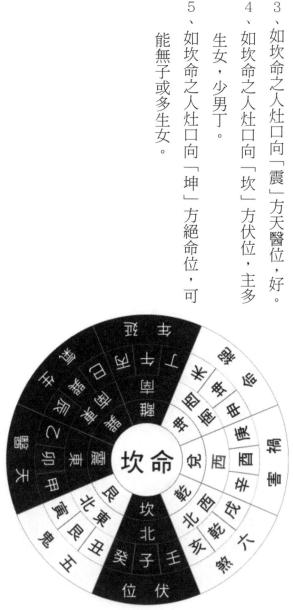

震命之人求子息之方法：

1、如震命之人灶口向「離」方生氣位，好。

2、如震命之人灶口向「巽」方延年位，好。

3、如震命之人灶口向「坎」方天醫位，好。

4、如震命之人灶口向「震」方伏位，主多生女，少男丁。

5、如震命之人灶口向「兌」方絕命位，可能無子或多生女。

巽命之人求子息斷缺：

1、如巽命之人灶口向「坎」方生氣位，好。

2、如巽命之人灶口向「震」方延年位，好。

3、如巽命之人灶口向「離」方天醫位，好。

4、如巽命之人灶口向「巽」方伏位，主多生女，少男丁。

5、如巽命之人灶口向「艮」方絕命位，可能無子，生女不生男。

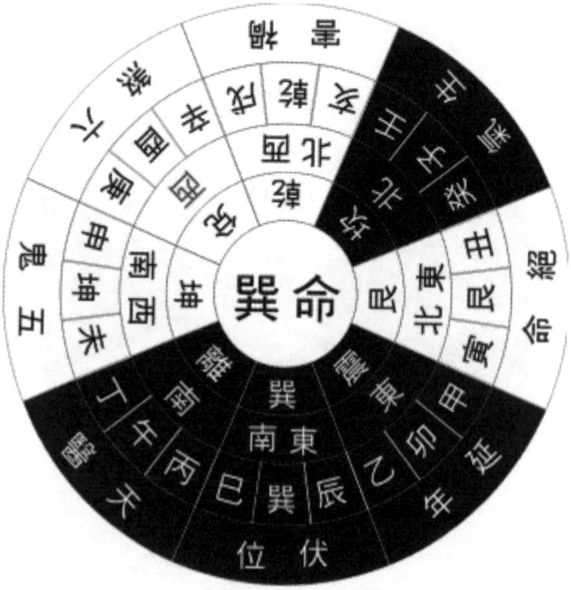

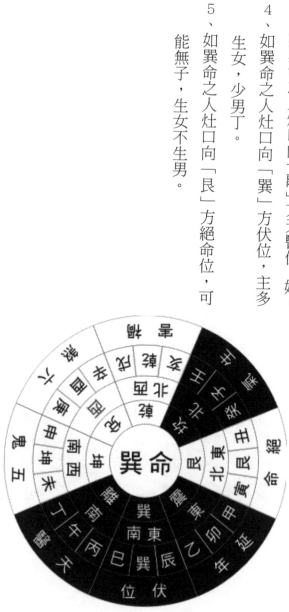

離命之人求子息之方法：

1、離命之男女宜配「震」命之女男為生氣大吉。

2、離命之男女宜配「坎」命之女男為延年大吉。

3、離命之男女宜配「巽」命之女男為天醫大吉。

4、求婚宜將床安本命之延年位「坎」方，則婚姻緣較快速早成，約六個月後加上催婚（增強桃花）的方法，即有可能娶妻。

5、灶口向本命延年位「坎」方。

265 260 255 250 245 240
申

【第十一章】運用八宅派讓疾病改善的方法

第一節 八卦五行論疾病

一間陽宅無論內局或是外局形煞所造成的沖剋，都會對住在宅內的人產生不利的現象，嚴重者甚至會出現病症，若要得知何人患病，除了可以由本書第三章廚房及爐灶方位吉凶論斷得知之外，亦可從八卦方位來論斷。如乾方受剋，主老父患病；艮方有沖煞，則少男得病。以此類推，表列如下所示。

八卦疾病論斷法	
乾（西北方）老父	頭疾、氣管炎、筋骨酸痛、腦病、腸炎、感冒遲癒。
艮（東北方）少男	呼吸系統、皮膚炎、風濕關節痠痛、腫瘤、車禍。
坎（北方）中男	泌尿系統、腎、膀胱、婦女病、耳塞、膽石。
震（東方）長男	免疫系統、肝、車禍、筋骨、手腳酸痛、神經失常。
離（南方）中女	循環系統、心臟血管、中風、眼疾、頭痛。
巽（東南方）長女	肝膽、痔瘡、氣喘、脊椎、坐骨神經、排泄、筋骨。
坤（西南方）老母	腸胃、小產、脾虛、泌尿疾病。
兌（西方）少女	呼吸系統、腦神經衰弱、氣管炎、牙痛、鼻、肺。

利用陽宅座向直接論斷病症：

木剋土：坤宅或艮宅屬於土宅，貪狼是為木星，若貪狼木星「震或巽」入於其中，則木上土下，為星剋宅。主應五行「土」之疾，傷在老母或少男。

火剋金：乾宅或兌宅屬於金宅，廉貞是為火星，若廉貞火星「離」入於其中，則火上金下，為星剋宅。主應五行「金」之疾，傷在老父或少女。

土剋水：坎宅屬於水宅，巨門是為土星，若巨門土星「坤或艮」入於其中，則土上水下，為星剋宅。主應五行「水」之疾，傷在中男。

金剋木：震宅或巽宅屬於木宅，破軍是為金星，若破軍金星「乾或兌」入於其中，則金上木下，為星剋宅。主應五行「木」之疾，傷在長男或長女。

水剋火：離宅屬於火宅，文曲是為水星，若文曲水星「坎」入於其中，則水上火下，為星剋宅。主應五行「火」之疾，傷在中女。

五行疾病論斷法	
木	免疫系統、容易疲勞、肝膽、四肢無力、左癱右瘓、口乾舌燥。
火	循環系統、心臟血管、血壓、眼睛、小腸、傷寒、心律不整。
土	消化系統、脾胃、腹脅、糖尿病、虛黃瘟疢。
金	呼吸系統、肺、大腸、筋骨酸痛、牙齒、氣管炎、容易感冒、便秘。
水	泌尿系統、腎臟、膀胱、腰酸、子宮、卵巢、遺精白濁。

第二節 八宅派疾病歌訣論述

八宅派論病歌訣曰：

金木凶死顛狂病，水土相犯不和親，木土定知傷脾胃，水金癆蟲禍來侵。

此訣意謂凡是命犯：

絕命者：主應眼疾、筋骨、腰腿之症、疾病傷亡。

五鬼者：主應心痛、咳嗽、肺癆、吐血、官非訴訟。

六煞者：主應產厄、腎虛、血崩、眼疾、錢財耗散。

禍害者：主應胃脾、耳疾、爭權奪利、意外血光。

生氣者：可用於求子、求財利、催官貴。

延年者：可用於增壽、夫妻和睦、家庭幸福。

天醫者：可用於祛病消災。

木遇金剋則筋骨酸痛，庚辛、巳酉丑年應。

火逢水剋則眼疾頭昏，壬癸、申子辰年應。
土遭木剋則胃脾必傷，甲乙、亥卯未年應。
金被火剋則心血之症，丙丁、寅午戌年應。
水值土剋則下焦冷疾，戊己、辰戌丑未年應。

由於時代的變遷，昔日三合院或是平房的住宅，今日已不復多見，而漸漸被高樓大廈取而代之。

大樓層次除了外觀五行之外，各樓層的五行屬性，乃是以易經河圖先天數為之取用，故一、六樓屬水；二、七樓屬火；三、八樓屬木；四、九樓屬金；五、十屬土而稱之。

至於樓層可依坐向，以同我、生我、我剋之關係來選擇，其原理為五行相生學說與河圖洛書之數配合而成者，於河洛之數中：

1、一、六共宗水（天一生壬水、地六癸水成之）。
2、二、七同道火（地二生丁火、天七丙火成之）。
3、三、八為朋木（天三生甲木、地八乙木成之）。
4、四、九為酉金（地四生辛金、天九庚金成之）。
5、五、十同途土（天五生戊土、地十己土成之）。

大樓坐向	最佳樓層	次佳樓層	再次佳樓層
坐北（屬水）	一、六（屬水）	四、九（屬金）	二、七（屬火）
坐東北（屬土）	五、十（屬土）	二、七（屬火）	一、六（屬水）
坐東（屬木）	三、八（屬木）	一、六（屬水）	五、十（屬土）
坐東南（屬木）	三、八（屬木）	一、六（屬水）	五、十（屬土）
坐南（屬火）	二、七（屬火）	三、八（屬木）	四、九（屬金）
坐西南（屬土）	五、十（屬土）	二、七（屬火）	一、六（屬水）
坐西（屬金）	四、九（屬金）	五、十（屬土）	三、八（屬木）
坐西北（屬金）	四、九（屬金）	五、十（屬土）	三、八（屬木）

以生肖五行選擇樓層：

鼠、豬之人宜選一、四、六、九層。勿用五、十層。

虎、兔之人宜選一、三、六、八層。勿用四、九層。

蛇、馬之人宜選二、三、七、八層。勿用一、六層。

猴、雞之人宜選四、五、九、十層。勿用二、七層。

牛、龍、羊、狗之人宜選二、五、七、十層。勿用三、八層。

以八字喜用選擇樓層：

八字喜用為木火：二、三、七、八層最佳。
八字喜用為火土：二、五、七、十層最佳。
八字喜用為土金：四、五、九、十層最佳。
八字喜用為金水：一、四、六、九層最佳。
八字喜用為水木：一、三、六、八層最佳。

第三節 總有一些身體毛病醫生處理不好，如何調整

俗語說：擁有健康的身體，是人生最大的幸福。顯然在現代的社會各種疾病層出不窮，大概是現代人生活得太隨便了，如果真的有病就得看醫生，但看過許多醫生卻無法根治者，站在研究陽宅學的理論來談，我們也提供了一些陽宅改善法，效果非常顯著，不妨試看看喔！

乾命之人疾病診斷及改善方法：

1、如乾命之男人灶口向「離」方絕命位，則傷乾金，心火尅肺金，主心臟病、咳嗽、氣喘、肺病吐血、肺癌、肺積水、鼻癌、鼻流膿水。

2、宜換舊灶再新添一新灶、壓住本命「離」方絕命位，灶口向「艮」方天醫位，以除去離位之凶，改後半年內病則痊癒。

3、如乾命之人犯「震」方五鬼位或「巽」方禍害位，二方之來路或灶口向之，主患肝病、肝癌、眼瞎、手足痲痺、中風、癱瘓等病症。

4、如乾命之男人犯「震」方五鬼位，

則主患傷寒、敗腎諸症。

5、如乾命之婦人犯「坎」方六煞位，則主有赤白帶，又常小產子宮無力、子宮癌、墮胎之病症。

祛病造福方法：

①速將來路或灶口等改向「艮」方天醫位，即可在六個月時間內藥到病除。

②如向「坤」方延年位，可長壽及婚姻美滿。

坤命之人疾病診斷及改善方法：

1、如坤命之人灶口向「離」方六煞位，主心臟病、吐血之症。

2、如坤命之人灶口向「震」方禍害位，主肝病、雷電傷亡之。

3、如坤命之人灶口向「巽」方五鬼

位，主膽病、火災、淫亂之。

4、如坤命之人灶口向「坎」方絕命位，主少亡、癌症、絕嗣之。

祛病造福方法：

①可將灶口向天醫位「兌」方，則「五日」見效。

②如灶口向延年位「乾」方，則二十五日見效減輕病症，雖然有犯殘廢之症，但延年位主長壽，故殘而有壽也。

③如灶口向「兌」方天醫位，則來路用「乾」方延年位。或灶口向「乾」方延年位，來路用「兌」方天醫位。則全家身體健康，闔家平安，夫妻恩愛，富貴雙全大吉。

艮命之人疾病診斷及改善方法：

1、如艮命之人灶口向「離」方禍害位，主心臟病、吐血之症。

2、如艮命之人灶口向「震」方六煞位，主肝病、胃病、電傷。

3、如艮命之人灶口向「巽」方絕命位，主胃癌、脾臟病。

4、如艮命之人灶口向「坎」方五鬼位，主腎臟、膀胱、子宮病。

祛病造福方法：

①可將灶口向天醫位「乾」方，則「五日」見效，十一日後，人可起床活動，六個月後，藥到病除。

②如灶口向延年位「兌」方，則二十五日見效減輕病症，雖然有犯殘廢之症，但延年位主長壽，故雖殘而有壽也。

③如灶口向「乾」方天醫位，來路用「兌」方延年位，則全家身體健康而長壽，夫妻恩愛，大吉大利。

兌命之人疾病診斷及改善方法：

1、如兌命之人灶口向「離」方為五鬼位，主犯肺癌、心臟病、吐血之症。

2、如兌命之人灶口向「坎」方為禍害位，主子宮癌、腎臟病、膀胱病。

3、如兌命之人灶口向「震」方為絕命位，主肝癌、手腳腰痛。

4、如兌命之人灶口向「巽」方為六煞位，主傷手足、膽病、損目。

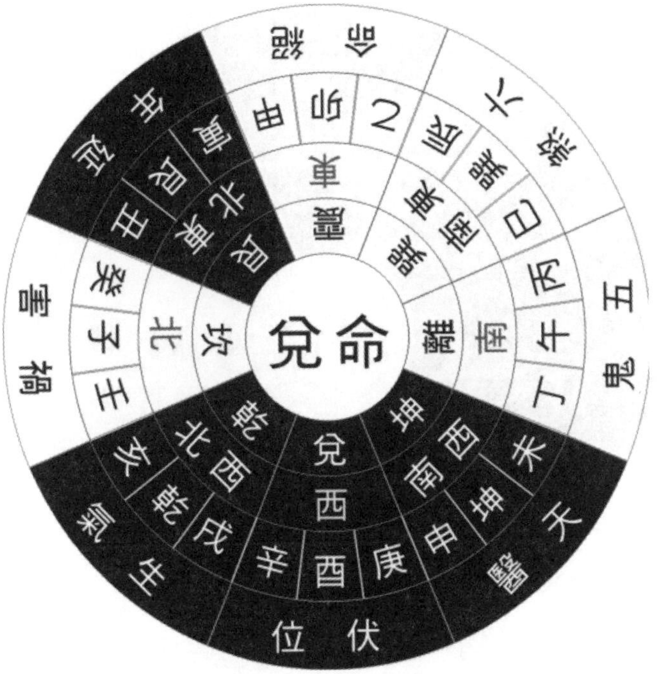

祛病造福方法：

①以上改灶口向天醫「坤」方或「艮」方延年，即可藥到病除。

坎命之人斷疾病診斷及改善方法：

1、如坎命之人灶口向「坤」方絕命位，主腎臟病、尿毒、子宮癌。

2、如坎命之人灶口向「兌」方禍害位，主梅毒、菜花、淋病、泌尿疾病。

3、如坎命之人灶口向「乾」方六煞位，主膀胱、尿毒、頭耳腰病。

4、如坎命之人灶口向「艮」方五鬼位，主胃脾、腹、肚、胸等疾病。

祛病造福方法：

①速將灶口改向天醫位「震」方，即可藥到病除。

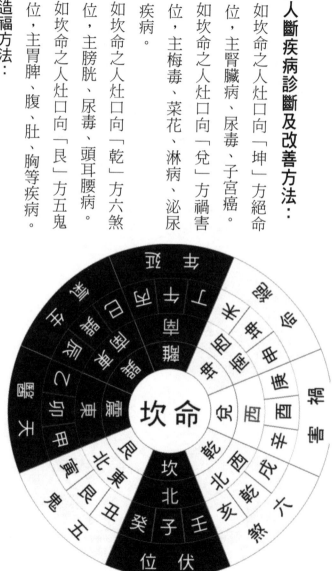

震命之人斷疾病診斷及改善方法：

1、如震命之人灶口向「兌」方絕命位，主吐血、肺癌、手腳腰痛。

2、如震命之人灶口向「坤」方禍害位，主腸癌、瘧痢、痔瘡、胃病。

3、如震命之人灶口向「艮」方六煞位，主脾病、臌脹、肝痛、腰痛。

4、如震命之人灶口向「乾」方五鬼位，主氣喘、肝癌、手腳腰痛。

祛病造福方法：

①速將灶口改向天醫位「坎」方，即可藥到病除。

巽命之人斷疾病診斷及改善方法：

1、如巽命之人灶口向「艮」方絕命位，主臌脹、胸脇、胃脾疾病。

2、如巽命之人灶口向「乾」方禍害位，主吐血、結石、肝癌、頭風。

3、如巽命之人灶口向「兌」方六煞位，主肺積水、肺癌、大腸疾病。

4、如巽命之人灶口向「坤」方五鬼位，主胃脾、胸腹疾病。

祛病造福方法：

①速將灶口改向天醫位「離」方，即可藥到病除。

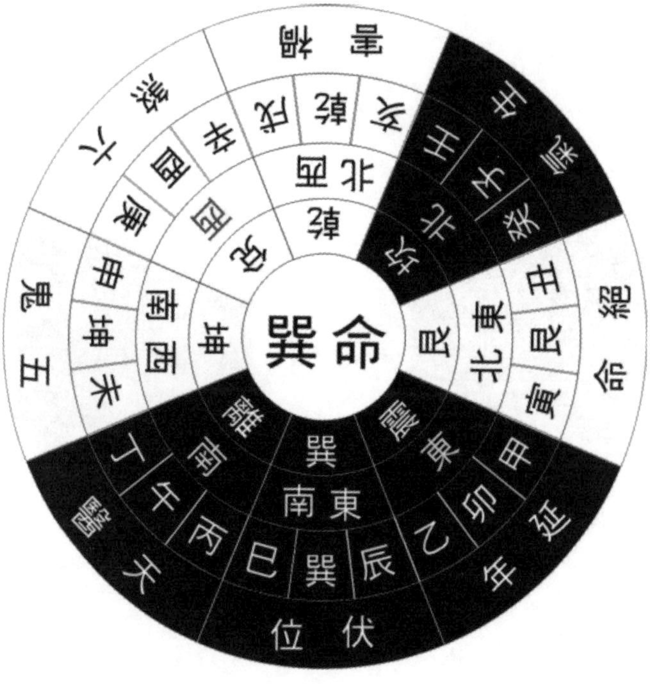

離命之人疾病診斷及改善方法：

1、如離命之人灶口向「乾」方絕命位，主肺癌、吐血、中風。

2、如離命之人灶口向「艮」方禍害位，主瘧痢、腸爛、脾疾。

3、如離命之人灶口向「坤」方六煞位，主水腫、心臟、腎臟、腹病。

4、如離命之人灶口向「兌」方五鬼位，主肺積水、心痛、損目瞎。

祛病造福方法：

①速將灶口改向天醫位「巽」方，即可藥到病除。

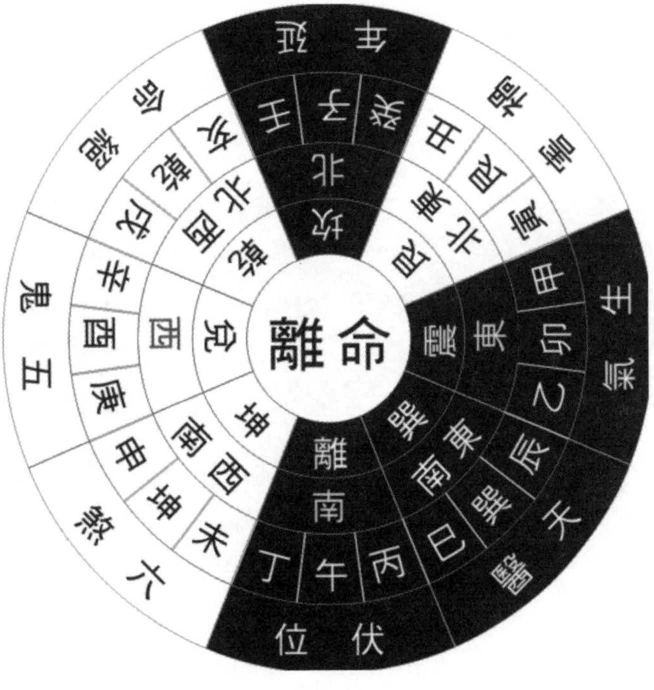

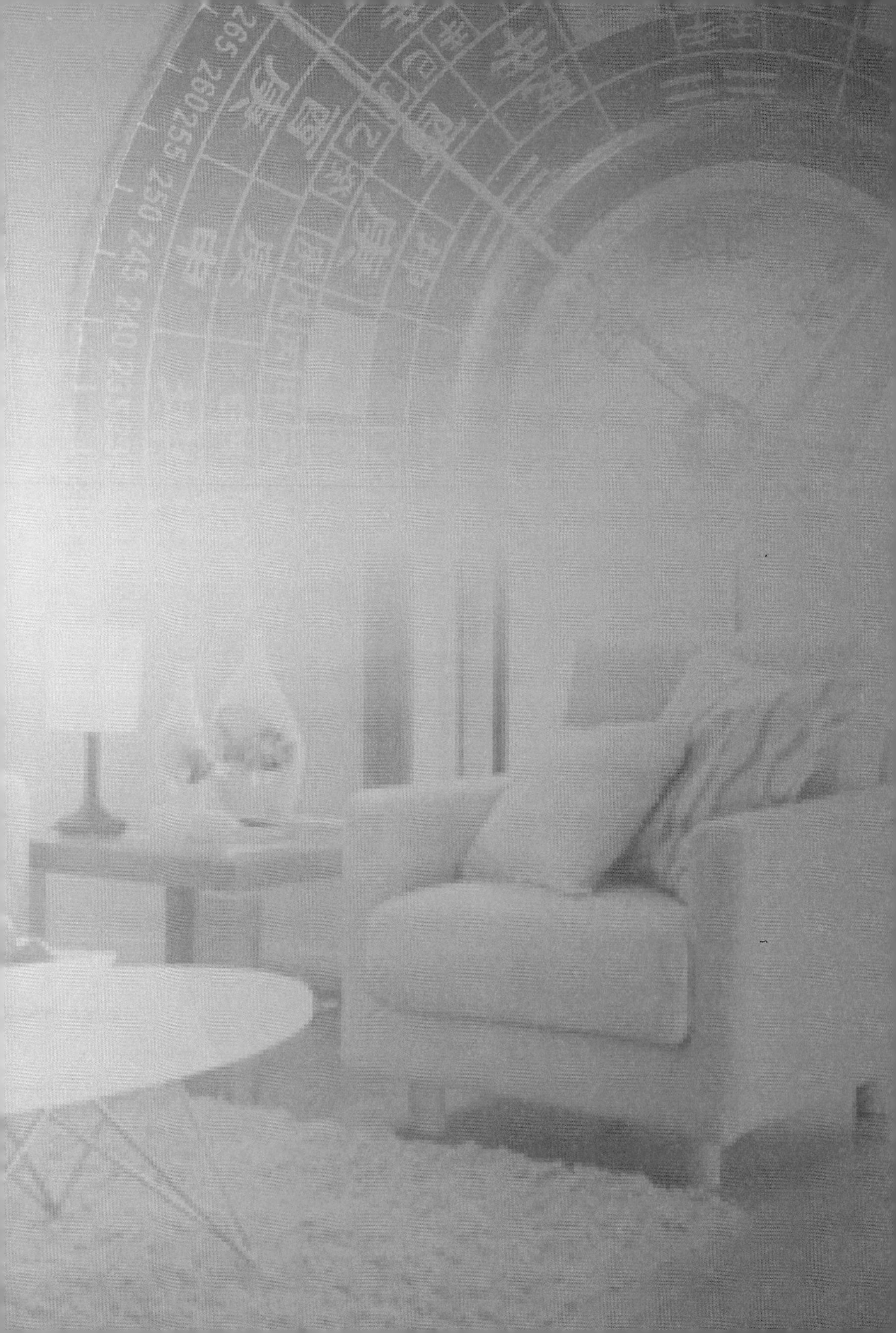
265
260
255
250
245
240

【第十二章】運用八宅派得趨吉避凶的方法

第一節 八宅古營造賦釋義論吉凶

賦詞一：「即已辨明陰陽，尤當審乎營造。乾坎艮震巽離坤兌，一六七四八三五二，數分奇偶。乾作乾居鰥寡出，坤坐坤宅出孤獨，乾作坎居而中男榮貴，坤為震宅而長子榮華。居宅不外乎八卦，禍福不乎六親，舉一為例可反其三，生出剋入則凶，生入剋出則吉。生剋論乎其方，吉凶隨乎其宅，居地滿而陰多陽少，損之可也，隙地廣而陽盛陰衰，增之宜哉。」

釋　義：建造陽宅居住，除了需要辨明陰陽八卦五行之外，更要注意詳審評斷建造陽宅的營造卦理之吉凶及命卦與宅相之理氣。

卦位分為乾坎艮震巽離坤兌八宮，卦序分為一六七四八三五二之數，再分陰陽，奇偶之數。

如乾為老陽，乾命之人居於乾宅，因為獨陽不長，則老而無妻或無夫；又如坤為老陰，坤命之人居於坤宅，因為孤陰不生，亦謂同出孤寡；若坎命之人居於乾宅，為乾金生坎水，坎為中男，故中男得以榮華富貴；震命之人居於坤宅，為震木剋坤土，剋出為財，震為長男，故長子可安享榮華。

建造陽宅居住，不外乎八卦五行之命理，而禍患福祿之應驗皆以六親為主。列舉一例可推論於其他，舉凡八卦五行生入剋出為吉，生出剋入為凶。而生剋之理氣推論，以八卦方位五行為斷，於建造陽宅居住，若不合生剋理氣必招凶，合於理氣定招福。

建造陽宅有其根本的法則，端視地形的大小。建地窄小，無空餘之地，主陰盛陽衰，損傷難免；建地寬大，宅體過小，導致空地太大，主陽盛陰衰，洩氣太過，難以得福。是故建造房屋要配合地形之大小寬窄，予以增減，方能避凶獲福。

賦詞二：「一火歸宅，六事攸分。開門放水之法，允宜詳審，廚房碓廁之方焉可忽，諸宅為陰靜，休咎無自之理。門為陽動，福禍有從出之機，動能生剋，靜有吉凶，陰陽相見，剋洩無妨。夫婦不交，比生何益，是故乾作坤門，而男雄女烈，借配於乙而庶子豐財。坎為純陽而洩氣，艮門多出鰥夫孤，震門始出曠夫怨女，坤宅乾門夫長婦壽，取權甲母賜妻封，純陰是兌，應無嗣，洩氣為丁亦少財，坎門出入久出強兒，懸樑溺水無分男女，艮戶往來便生奸輩，胡行妄作不分尊卑，震木傷土陽多是驗，巽木犯坤陰盛為徵，災舍災堂南離之位焉足取，孤奴孤婦寅戌之方豈可安。」

釋　義：一火歸宅就是陽宅建造完成之後入宅安香，六事為陽宅六事，乃門、路、灶、井、坑廁、石磨居家必須之物，安放得所，取用便宜。陽宅立門放水之法，要審慎為之，廚房廁所的方位，也不能等閒視之。陽宅立門，關乎吉凶禍福，是謂：「寧為人家造十墳，不為人家立一門」就是這個道理。陽宅為靜屬陰，門為開闢出入之所在，為動屬陽，是故陽宅為內，門為外，宅生門為洩氣主凶，而知門與宅會產生生剋吉凶，所謂：「孤陰不生，獨陽不長」及「無陽則陰無以生，無陰則陽無以化」的觀念。若能陰陽調合，如宅陰門陽或宅陽門陰，雖相剋也不見凶矣！

夫婦不交，亦即陰陽不交媾，為宅與門陰陽不調合，縱使是相生也毫無益處。是故乾陽宅作坤陰門為陰陽調合，主應男雄女烈大隆昌，納甲法為坤納乙，乾陽宅作乙陰門與乾陽宅作坤陰門無異，庶子財豐大吉昌。

乾陽宅作坎陽門，獨陽不長，且為乾金生坎水，此乃生出洩氣為凶；乾陽宅作艮陽門，為二陽不生，雖是艮土生乾金，也是枉然，主應出鰥寡；乾陽宅作震陽門，亦是二陽不生，主出曠男怨女；乾陽宅作坤陰門，為陰陽相吸，且為坤土生乾金，老父配老母，主應夫婦壽長，而乾納甲，坤宅開甲門，亦為大吉昌，母賜妻封大榮貴。坤陰宅作兌陰門，孤陰不生，且坤土生兌金，生出洩氣為凶，必主無子嗣，財丁兩敗；坎門出入為絕命凶方，日子一久會有頑劣固執的子女，不分男女懸樑自盡，投河自殺；作艮門出入往來，則會有奸惡的子女，胡亂作為，目無尊長，欺凌晚輩；作震門為木剋土，尤其乙巽陰木方開門，最為凶惡；若開離門南方火，主應火臨堂舍，離納壬寅午戌，此方開門，並不足取，易出孤奴寡婦。

賦詞三：「震為宅巽為門，不失為富貴之家；庚為靜，離為動，不免是貧寒之輩。寡婦孤男坤門是，傷夫剋子兌戶，丁方易遭殃，乾損長男坎傷中子，艮土生金犯震，長男偃蹇，須知丙火從艮欺庚，巽宅震門取之固可，辛居庚戶營之亦宜，離戶多婦而少財，乙門燃燈而禮佛，兌入巽居而出孀婦，乾道辛宅而敗頭男，坎非正配不利乎長子，艮乃偏神豈益乎孟婦，乾坤震巽固云如此，坎離艮兌何獨不然。」

釋　義：震陽宅開巽陰門，為陰陽相配，且為延年方，必為富貴之家；震納庚亥卯未，庚陽宅開離陰門為生氣方，亦是陰陽調合，故可免於貧窮之苦。

震宅開坤門為禍害方，必出寡婦孤男之輩；震宅開兌門為絕命方，必定傷夫剋子，而兌納丁巳酉丑，開丁門則更顯其凶禍；震宅開乾門為五鬼方，不利於長男，若開坎門，則獨陽不長，必傷中男；艮土生金剋震木，艮納丙，若開艮門為火剋金，長男必傷；巽宅開震門得以陰陽調合，也是延年方，巽納辛，為合宜之宅；巽宅開離門為孤陰不生，主應多出寡婦，且錢財不聚；巽宅開乙門，坤納乙為五鬼方，主出僧尼和尚；巽宅開兌門為六煞方，且為孤陰不生，主出孤孀寡婦；巽宅開乾門為禍害方，主傷長男；巽宅開坎門雖然是生氣方，但並非陰陽正配，所以也不利長男；巽宅開艮門為絕命方，主應不利長婦。乾坤震巽宅開門的吉凶如上所述，坎離艮兌宅開門之法，亦復如是。

第二節 流年五黃煞及歲破之預防

聽過太多老師都說，屋宅最怕五黃煞，五黃煞是每年都在換方位，要記得五黃煞的方位，不管是屋外或屋內，都一樣是不能動土或裝修，否則可能會有意外、血光、破財等事情發生，請多加留意。

在此也一起提醒每年有三種煞方盡量不要動土。

1. 五黃煞。
2. 戊己都天煞。
3. 太歲方。

1、五黃煞

要算出今年是幾入中宮，就需要用男生定位法來算。

例一：2012年=2012-1911=101年，101=1+0+1=2，所以就從7逆數2=6。再將6代入中宮，所以5（東南方）的方位就是2012年的五黃位。

東南	南	西南
5	1	3
4	6	8
9	2	7
東北	北	西北

（左：東；右：西）

(本圖為2012年的九宮飛星圖=5=五黃位)

例二：2013年=2013-1911=102年，102=1+0+2=3，所以就從7逆數3=5。再將5代入中宮，所以5（中宮=西南）的方位就是2013年的五黃位。

例三：2014年=2014-1911=103年，103=1+0+3=4，所以就從7逆數4=4。再將4代入中宮，所以5（西北）的方位就是2014年的五黃位。

東南	南	西南
3	8	1
2	4	6
7	9	5
東北	北	西北

（左：東；右：西）

(本圖為2014年的九宮飛星圖= 5= 五黃位)

2、戊己都天煞

戊己都天煞推算法，要取五虎遁以流年來推算。

甲己之年丙作首，乙庚之年戊為頭，丙辛必定尋庚起，
丁壬就從壬寅流，更有戊癸何方覓，甲寅之上好追求。

天干	五虎遁方位訣											
甲己	丙寅	丁卯	戊辰	己巳	庚午	辛未	壬申	癸酉	甲戌	乙亥	丙子	丁丑
乙庚	戊寅	己卯	庚辰	辛巳	壬午	癸未	甲申	乙酉	丙戌	丁亥	戊子	己丑
丙辛	庚寅	辛卯	壬辰	癸巳	甲午	乙未	丙申	丁酉	戊戌	己亥	庚子	辛丑
丁壬	壬寅	癸卯	甲辰	乙巳	丙午	丁未	戊申	己酉	庚戌	辛亥	壬子	癸丑
戊癸	甲寅	乙卯	丙辰	丁巳	戊午	己未	庚申	辛酉	壬戌	癸亥	甲子	乙丑

例一：西元2013年，民國102癸巳年，戊癸起甲寅、乙卯、丙辰、丁巳、戊在午、己在未，如羅盤二十四山所示，午未夾丁都天，因此午方、未方、丁方，為當年的戊己都天大煞。

例二：西元2014年，民國103甲午年，甲己起丙寅、丁卯、戊在辰、己在巳，如羅盤二十四山所示，辰巳夾巽都天，因此辰方、巳方、巽方，為當年的戊己都天大煞。

例三：西元2015年，民國104乙未年，乙庚起戊左寅、己左卯、庚辰、辛巳、壬午、

癸未、甲申、乙酉、丙戌、丁亥、戊在子、己在丑，如羅盤二十四山所示，寅卯夾甲都天，因此子方、寅方、丑方、卯方、甲方，為當年的戊己都天大煞。

甲年	辰	巳	巽方
乙年	子寅	丑卯	甲方
丙年	戌	亥	乾方
丁年	申	酉	庚方
戊年	午	未	丁方
己年	辰	巳	巽方
庚年	子寅	丑卯	甲方
辛年	戌	亥	乾方
壬年	申	酉	庚方
癸年	午	未	丁方

3、歲破方

「太歲」就是歲星，子年太歲在子，丑年太歲在丑，寅年太歲在寅，卯年太歲在卯，辰年太歲在辰，巳年太歲在巳，午年太歲在午，未年太歲在未，申年太歲在申，酉年太歲在酉，戌年太歲在戌，亥年太歲在亥。以十二地支論時間，太歲是指年支所臨的方位。

若在太歲前方動土，主凶，太歲前方稱為「歲破方」，就是臣民沖犯君主，相沖之對宮而稱之，如下所示。

子年——午方 丑年——未方 寅年——申方
卯年——酉方 辰年——戌方 巳年——亥方
午年——子方 未年——丑方 申年——寅方
酉年——卯方 戌年——辰方 亥年——巳方

巳	午	未	申
辰			酉
卯			戌
寅	丑	子	亥

第三節 想在自己的屋宅長住久安嗎？如何調整

一個人一生中很難確保不犯到官訟、意外、口舌是非、盜賊橫厄及火災、損財、中毒、好賭博敗財、淫亂、血光、傷亡、損妻、子女忤逆、夫妻不睦等等事件。

我們也提供了一些方法讓想趨吉避凶的朋友們，一些陽宅改善法，效果非常顯著，不妨試看看喔！

乾命之人趨吉避凶斷災厄：

1、如乾命之人灶口向「離」方絕命位，主有官訟、凶殺、口舌是非、火災、死亡等等應驗發生。

2、如乾命之人灶口與大門均向「離」方絕命位，主婦人淫亂。宜改灶口向「兌」方生氣位，而排煙道由「離」方排出，以除離方絕命之凶，改後婦人即守貞而不再淫亂。

3、如乾命之人犯「坎」方六煞位之來路灶向，主凶殺、血光、淫亂溺死之事發生。

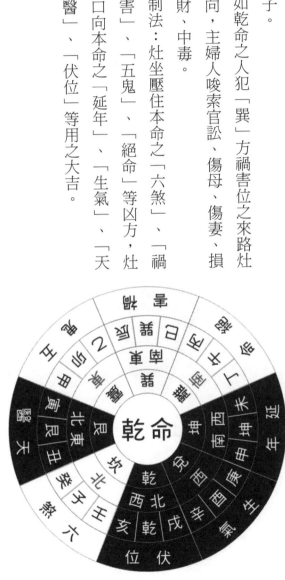

4、如乾命之人犯「震」方五鬼位之來路灶向，主有盜賊、橫厄及火災，並損傷長子。

5、如乾命之人犯「巽」方禍害位之來路灶向，主婦人唆索官訟、傷母、傷妻、損財、中毒。

6、制法：灶坐壓住本命之「六煞」、「禍害」、「五鬼」、「絕命」等凶方，灶口向本命之「延年」、「生氣」、「天醫」、「伏位」等用之大吉。

坤命之人趨吉避凶斷災厄：

1、坤命之人如灶口向「坎」方絕命位或床門位安坎方絕命位，神明位安坐坎方絕命位，主投河溺死之應。

2、坤命之人如灶口向「離」方六煞位或床門位安離方六煞位，神明位安離方六煞位，主凶殺、火災、淫亂、損妻、子女忤逆。

3、坤命之人如灶口向「震」方禍害位或床門位安震方禍害位，神明位安震方禍害位，主官訟、破敗、雷電損傷亡。

4、坤命之人如灶口向「巽」方五鬼位或床門位安巽方五鬼位，神明位安巽方五鬼位，主老母早亡、長媳婦官訟犯盜賊

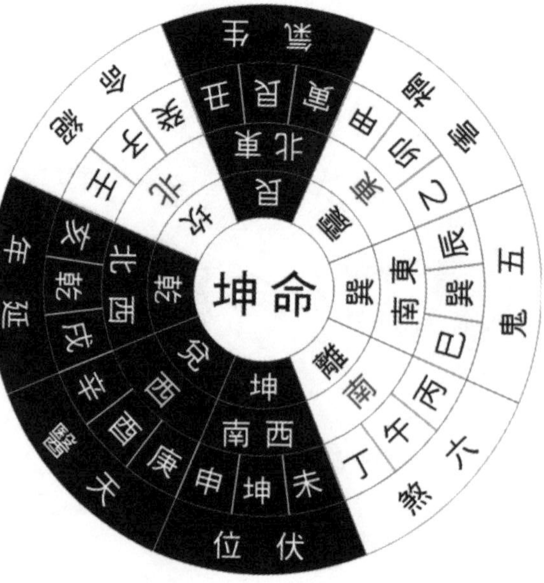

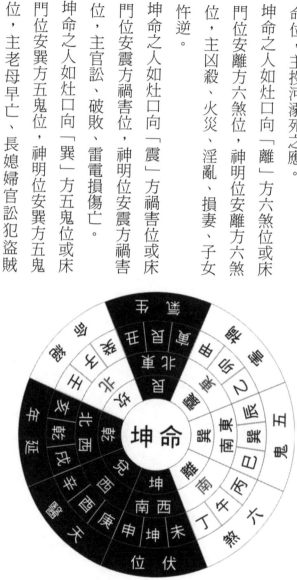

侵、家人離鄉失散、好賭博敗財、瓦斯中毒。

艮命之人趨吉避凶斷災厄：

1、艮命之人如灶口向「巽」方絕命位或床門安巽方絕命位，或神明位亦安坐「巽」方，主牢獄、官訟、杖刑、久居絕嗣，並有瓦斯中毒傷亡。

2、艮命之人如灶口向「震」方六煞位或床門安震方六煞位，或神明亦坐「震方」，主淫亂、血光、雷電、傷亡、損妻、子女忤逆。

3、艮命之人如灶口向「坎」方五鬼位或床門安坎方五鬼位，或神明亦安坐「坎方」，主犯官訟、盜賊、口舌、火災、好賭博敗財。

4、艮命之人如灶口向「離」方禍害位或床

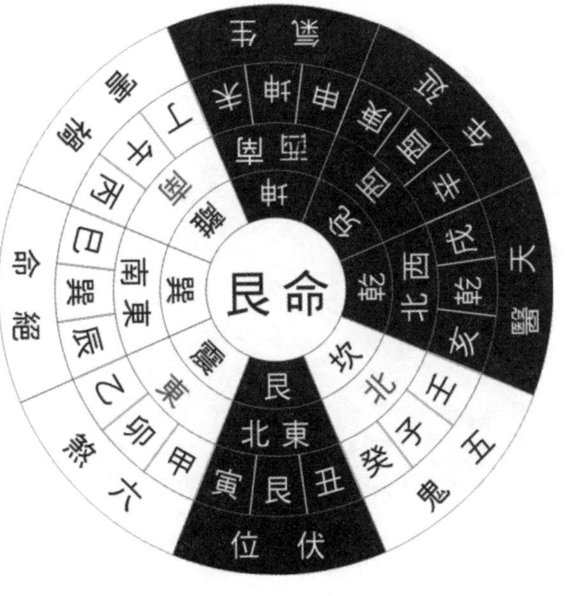

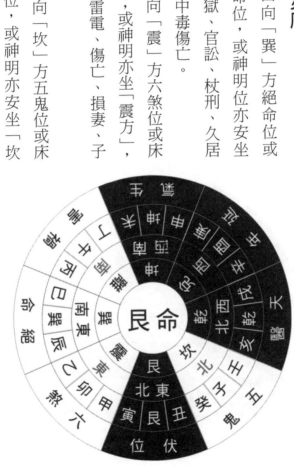

門安離方禍害位，或神明亦安坐「離方」，主橫事、車禍、火災、凶殺、絕症之厄。

兌命之人趨吉避凶斷災厄：

1、兌命之人犯「震」方絕命位（灶口向、床位、大門、神位），主傷長子，且有手腳腰背疼痛或損傷之症，或受電擊。

2、兌命之人犯「巽」方六煞位（灶口向、床位、大門、神位），主傷婦人或口舌是非、官訟牢獄之災、婦人淫亂、損目、傷手腳之症、瓦斯中毒。

3、兌命之人犯「坎」方禍害位（灶口向、床位、大門、神位），主婦人生產有災厄、次子夭亡水災、官訟、淫亂破財。

4、兌命之人犯「離」方五鬼位（灶口向、床位、大門、神位），主犯盜殺劫財、

火災、寡婦持家、少女夭亡。

坎命之人趨吉避凶斷災厄：

1、坎命之人如灶口向「坤」方為絕命位或門、床、神明亦安在「坤」方絕命上，主惡妻逆子、夫妻不和、車禍、火災、盜厄。

2、坎命之人如灶口向「兌」方為禍害位或門、床、神明亦安在「兌」方禍害上，主自殺刀傷、血光、火災、盜賊。

3、坎命之人如灶口向「乾」方為六煞位或門、床、神明亦安在「乾」方六煞上，主流蕩、官訟、事業失敗、絕嗣。

4、坎命之人如灶口向「艮」方為五鬼位或門、床、神明亦安在「艮」方五鬼上，主眼疾、家破人亡、怪災橫禍、水火之災厄。

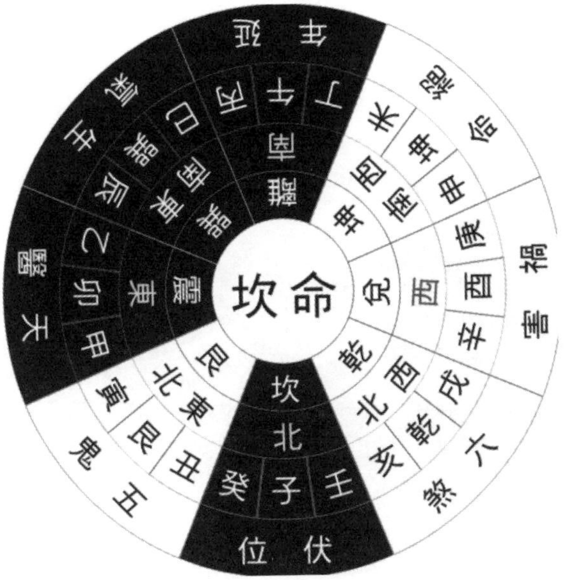

震命之人趨吉避凶斷災厄：

1、震命之人如灶口向「兌」方為絕命位或門、床、神明亦安在「兌」方絕命上，主傷少女及長子、子孫忤逆不孝。

2、震命之人如灶口向「坤」方為禍害位或門、床、神明亦安在「坤」方禍害上，主傷老母、胃癌、夫妻不睦、受電傷。

3、震命之人如灶口向「艮」方為六煞位或門、床、神明亦安在「艮」方六煞上，主傷少男、盜賊、血光、失財、官訟凶殺。

4、震命之人如灶口向「乾」方為五鬼位或門、床、神明亦安在「乾」方五鬼上，主傷長男及老父，並有火災盜賊失財。

巽命之人趨吉避凶斷災厄：

1、巽命之人如灶口向「艮」方為絕命位或門、床、神明亦安在「艮」方絕命上，主傷少男、夭亡、車厄、牢獄病亡。

2、巽命之人如灶口向「乾」方為禍害位或門、床、神明亦安在「乾」方禍害上，主長女受災、出妖婦、刀槍傷、血光凶殺。

3、巽命之人如灶口向「兌」方為六煞位或門、床、神明亦安在「兌」方六煞上，主官訟、淫亂、傷少女、火盜等。

4、巽命之人如灶口向「坤」方為五鬼位或門、床、神明亦安在「坤」方五鬼上，主火災、牢獄、官訟、口舌是非、瘋癲、橫厄等。

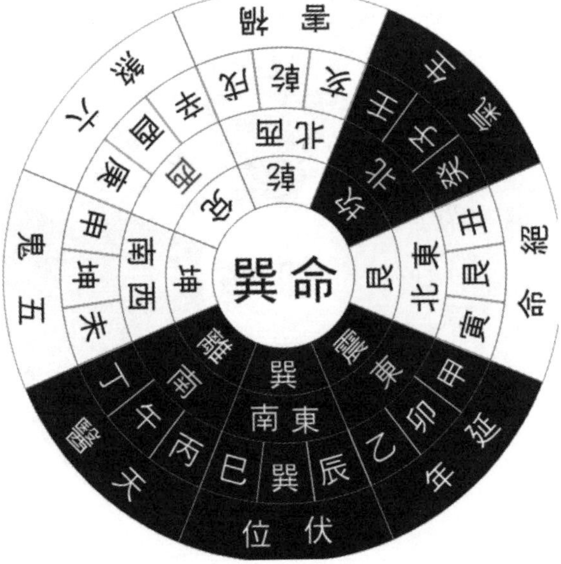

離命之人趨吉避凶斷災厄：

1、離命之人如灶口向「乾」方為絕命位或門、床、神明亦安在「乾」方絕命上，主血光傷父及長子、官訟、凶殺。

2、離命之人如灶口向「艮」方為禍害位或門、床、神明亦安在「艮」方禍害上，主爭鬥官訟、是非失財、傷少男。

3、離命之人如灶口向「坤」方為六煞位或門、床、神明亦安在「坤」方六煞上，主夫妻不睦、老母及妻子受損傷。

4、離命之人如灶口向「兌」方為五鬼位或門、床、神明亦安在「兌」方五鬼上，主犯盜賊失財、火災、退人口。

【第十三章】宅内六事佈局法

根據「八宅明鏡」卷上云：「六事者，乃門、路、灶、井、坑廁、石磨居家必須之物，安放得所，取用便宜。人每忽其道，一犯凶方利用之物，反為致害之由，暗地生災受禍，不知良可浩瀚！」此六事為傳統宅內六事，現代的宅內佈局，當然不只此六事而已，但是仍可以目前生活上的重要空間，分成大門、客廳、臥房、書房、廚房、廁所、神位、樓梯、財位、辦公室等現代宅內六事，惟仍必須配合陽宅四獸「左青龍、右白虎、前朱雀、後玄武」合論。

第一節 陽宅周遭形勢

尋龍、點穴、論砂、看水、立向是學地理的五大科目，陰陽宅都是如此。在都市中高低起伏不一的房子為山龍，高大之宅為大山龍，低小之宅為小山龍，四通八達的馬路與水溝為水龍，新建屋宅為旺龍，舊屋為衰龍。而樓房有高低起伏，水路有左右彎轉，所以就會形成生動活潑的山水形勢，高為山，低為水，山靜為陰，水動為陽，陰陽本來就是要相輔相成，所以兩山之間必夾一水，兩水之間必有一山，山與水是不能夠分離的。

大小不一的馬路，當水龍看，長又寬為大水龍，短又窄為小水龍，若馬路彎彎曲曲造成水聚彎抱之處，即是龍停之處。

論陽宅形勢格局，要由該建築物開始，點、線、面，整體分析討論，點－本身建築物格局；線－左右鄰居之狀況；面－明堂的動態，再配合住宅後山的狀況，便能判斷該宅形勢格局的吉凶。

陽宅龍虎形勢，會影響居住者之人際關係，家庭狀況，夫妻和諧與否，子女是否賢孝，亦會影響財運、健康、壽命、人丁衰旺、官非訴訟、桃花、意外血光等，故陽宅左鄰右舍之狀況，即是龍虎形勢，為陽宅居住選擇條件的重要因素。

一般吉祥平安住宅，要有寬敞的明堂，龍虎砂有情，後靠圓滿來配合。若宅後靠山俊秀，則人丁也俊秀，若無靠山有如無人事背景一樣，凡事要靠自己努力，需要白手起家。

後靠山勢或房屋漸進式高起，表示子孫一代比一代興旺。若山勢星體呈土形，此為財丁兩旺之格局；若山勢星體呈金形，則子孫出官貴，且一代比一代更高官，易有貴人扶助。

宅後無靠山，表示較無長輩提攜及貴人相助，需要白手起家。一般無靠山，子孫人丁較不旺，尤其是男丁，做事不積極，決策不果斷，若前方有建築與本宅同高或更高，形成坐空朝滿形勢，主應坐立不安，凡事不專心，容易被倒債，健康亦不佳。

◎龍虎漸漸高起，不造成壓迫而且又長，主男女壽命長。若龍略高於虎及外局龍過堂，有利人際關係，男主人當家，若龍邊形勢為漸低之斜坡地，則雖然出名，但也會漸漸漏財，健康也會亮紅燈。

◎虎高虎長，而龍邊下陷，主男人壽短。若龍邊有圍牆或整排樹林，居住者不是長房，尚可平安二代，但頭胎若是男丁，主夭折，不利父親，生女尚可。

◎馬路呈彎路狀，主應男人桃花；馬路呈反弓開放狀，主應女人桃花。

◎無龍邊、無後靠，但是外局為龍過堂，主男人沒有實力，愛現愛吹牛。無龍邊有靠山，有理想但是無人支持。龍邊短有靠山，虎邊長且高，男人愛表現，自吹自擂。

◎龍長虎缺，但是外局為虎過堂，主女人無實力，愛現愛吹牛，長舌婦。若虎邊隔著馬路有房舍，女人喜歡外出串門子。

◎無龍邊又帶路，龍水拖出，而且虎長虎過堂，主應漏財、吃藥、遭竊，做生意則經常換主人。

◎無龍邊而虎長，虎又過堂，明堂收水局或拜堂水，主賺錢，但是女人當家掌權，男人忠厚老實。

◎無龍邊又帶路，前面樓層高於本宅，呈暗堂狀，主子女晚婚。

◎龍長龍高帶切或龍過堂帶切，家中會出不良少年。

◎龍虎長，龍過堂，收虎水，配合理氣，必定出名又賺錢。

◎無龍邊與後山，主人丁不旺，除非三房居住或先生女後生男可保平安。

◎住宅有龍虎，後靠是河流，則二房不出丁，若出丁，則傷丁，男人以病局論。

◎無龍邊且左側路沖，主應長男死於異鄉或意外。

◎龍邊空，地勢先低後高，此宅收拜堂水，則父死子發，但必須理氣亦吉才應。

◎龍邊短，只有一間，虎邊長且過堂，只要宅後不空，三房必旺丁。

◎明堂寬敞，外局龍高虎低，龍過堂，後靠佳，配合水局，則財丁兩旺且有利公關事業。

◎明堂寬敞，堂前水聚天心，眾水朝堂，收拜堂水或倉板田水朝堂逆水局，配合玄武有靠，必為致富之局。

◎明堂寬敞，前有虎水或右水流過門前，如玉帶環腰彎抱有情，隱約往屋後而去，配合龍虎砂有情及玄武有靠，則為財丁兩旺之局。

◎明堂寬敞，外局虎過堂，堂前收拜堂水或水聚天心之局，雖然會賺錢，但是女人掌權當家，若虎又高，虎抱龍且高度高於本宅，除女人當家之外，夫妻或兄弟之間易不和。

◎明堂地面落差大，水直洩而出，則錢財留不住。若明堂狹窄，且堂前有突然下陷之空地，則易有意外事故。

◎明堂壓迫案逼，也就是宅前有山或高樓壓迫，形成奴欺主之勢，則事業易被人扯後腿或倒債。

◎明堂龍砂長闊高，虎砂高度略低於龍砂，龍抱虎過堂局，形勢秀麗有情不壓迫，主應人際關係良好，手足同心，家庭和諧。若虎高過龍，虎砂過堂，則兄弟不和，女人掌權之局。

◎明堂龍高且龍長過堂，但是形狀成切面狀或崩狀刀形，則應家中出大流氓，如到明堂宅前成刀狀切下，而且無虎邊，則應男人殺妻或兄殺弟或出流氓之徒。

◎明堂朝山呈金形狀，但後山無靠，則子孫雖然會出官貴之人，但卻不孝也。

◎明堂外局龍方高大，有利長房在外出名，若虎方高大，不論是否有壓迫，主應奴欺主，女人愛表現或掌權。

◎明堂山勢或高樓壓迫，形同開門見山碰壁，如宅後空或低，則後靠無力，主論奴欺主，受屬下欺騙，子女不孝，易招人剝削、倒會，諸事皆不順。

◎明堂虎方高，白虎昂首帶刀，主應開刀、吃藥。若白虎回頭，形如勾拳搥胸狀，則應心痛、吃藥、子女忤逆不孝、兄弟不和、武力爭產。

◎曜煞方不能開門，不能有任何的形煞，包括水池假山、車庫、電桶、高電線桿等。

◎虎砂向外屈出反背狀，主應子女忤逆不孝，而且離鄉背井終難回。

◎虎砂高龍砂低，虎過堂，面前帶切，主應弟殺兄或妻殺夫。

◎明堂案外有小山突出或牆外有屋脊高出部分，乃為探頭屋，主應小偷。若宅本身高度比左右宅高一兩層，亦或同一排屋宅比別人凸出街心，皆為探頭屋，表示易受人注意忌妒，故有遭竊、破財事件。

◎門前有馬路直沖，若路寬約為門面三倍寬以上，則可依明堂論，若形勢逆水局配合理氣，則可以大發。若路形狹窄筆直與宅同寬或稍寬，甚至更小，則為直沖之路箭，故容易有意外血光、災難疾病、事業不順之象。

◎門前面對分叉路，一出門就有兩條以上的路，若路與路之間形成尖銳角煞，則會有意外血光眼疾之災。若形成弧形往外分叉，有如掀裙舞袖，則女人有外遇，子女易往外發展。

◎門前若有大石擋路，則宅中婦女易患心血管疾病，若有小石堆，則宅中家人易患呼吸系統之疾。

◎門前面對房子的牆壁或尖角，形成壁刀煞或尖角煞，易有意外血光及神經衰弱。

◎後靠平平後再漸漸高起星體，依距離遠近，子孫何代開始興旺。論宅運則依距離長短論時間多久才開始興旺。

◎後靠先低下後再上升，亦呈星體，則隔代出官貴。論人丁大多先生女，再生貴子。

◎後靠突然高起的山勢或高樓距離太近的房舍，會形成高壓，則論長輩或自己給自己太大的壓力，易形成焦慮症，子孫個性急躁。

◎後靠山坡地斜度大於60度，形成逼近高壓，易形成焦慮症，子孫個性急躁。若山坡地有石頭牆，則易生痔瘡。

◎後靠山形勢成崩壁狀或遠有峻嶺，則子孫易出帶刀帶槍之不良少年，遊手好閒之徒。

◎後靠有廟宇或教堂，形成太歲壓頂之勢，子孫易出不良少年，好吃懶做，血光意外。

◎後靠有探頭屋，則子孫會出小偷或偷窺狂，若虎邊又帶路開獻，則女人帶暗桃花。

◎後靠有整排竹林或樹林茂盛，則代表人丁興旺，如有缺口，則代表某房人丁有缺陷。竹林或樹林稀疏零落，則論該家族人丁不旺或落敗。

◎後靠不對稱，如只靠半棟建築物，形成壁刀隔角煞，主應子孫福份不均，不利人丁，易有意外血光及開刀之象。

◎後靠兩棟不平行建築物，形成夾角煞，主應開刀，嚴重者會有意外且傷丁，若後靠為三角形建築形成銳角，也是同論。

◎後靠為屋脊之三角煞，須防血光之災，易犯小人，婦人易流產。

◎後靠天斬煞，代表暗箭難防，會有被倒會及意外血光事件，若車禍一般會由後面追撞。

◎後靠圍牆為三角形，主應開刀，若圍牆圍成三角形，更是不利財運，且人丁一代不如一代。

◎後靠為尖塔或是瘦長之屋，則無貴人相助，沒有安全感，不利孕婦、嬰兒及人丁。

◎後靠廟宇飛簷沖射或尖銳勾翹之建物沖射，主易有意外血光之災。

◎後靠有凸形建築不利人丁，尤其對中男更不利，易破財及被倒債。

◎後靠有大樓地下室停車場出入口，則不利人丁，婦女易流產，容易被倒會或欠債。

◎後靠有高架道路或天橋橫過，易有精神不安、吃藥、意外血光、被倒債之象。

◎屋後為平地，明堂沒有房舍，本宅一樓高，則可以在後方種植一排竹林或樹林當後靠，就可以平安且旺丁。

◎化糞池不可放在青龍方，則龍脈氣斷損人丁；屋後正中央放化糞池，則一家人胃腸時常會感覺不適。

◎屋後為漸低之下坡地，表示人丁一代不如一代，錢財守不住。若地勢下降後再漸漸上升，論財運則先敗後發，會東山再起，論子女則先生女後生男。

◎屋後若種植有刺的花草樹木，則皮膚很容易過敏。

◎屋後正中央或白虎方安馬達，主應腰酸背痛，頭腦昏沉不清。

◎屋後最好不要做水池，若不合宅運，會有損丁破財的現象。

◎屋後地勢下陷一米高以上，不利人丁，易有中風或意外事故，可依下陷之階梯數來論，若干年後才能穩定發展。

◎屋後突然下降，如在懸崖邊上，主應財敗、中風、意外事故。此形勢在任何一方都同論。

◎屋後在河流邊上，距離近，有如翻身跌落河之勢，主應易被倒債、意外事故、損丁，若在青龍方左側往前流出，也是同論。

◎屋後有低漥水池或水車打水之養魚池，主應吃藥，人丁不旺。

◎屋後有湖泊或大河流，則不利健康，若理氣失運，則不利財運，女人易有暗桃花。

◎屋後有路沖、巷沖、暗箭，易犯小人，不利人丁及財運，如被親友倒債，意外血光難逃。

◎屋後有兩棟建築物，形如推車狀，則損丁破財，尤其不利二房人丁。

◎屋後有破舊老房舍，則易受長輩連累，才能無法發揮，長輩健康與財運均不佳，容易犯小人或被倒債。

◎屋後庭院之圍牆有爬藤蔓，易遭小人暗算，導致是非不斷，官司纏身。若屋後有彎路，則男人犯桃花，而且容易被女性糾纏。

◎屋後有住宅的遮雨棚，高斜延伸至本宅，下雨的時候，雨水或澆花水，潑到本宅屋頂，稱之為淋背水，亦稱狼狽水，則注定一生狼狽，貧病交迫。

第二節 大門

門為納氣口，分為內外大門，是每日出入的必經之地，所以不管是大門、房門都以宅內主人或主要使用者之吉方開之。若是公寓大門，則以本身住宅大門測量，得知吉利方位而用之。

門的佈局以門向、門位兼論。東四命者宜在南方、北方、東方、東南方開門；西四命者宜在東北方、西南方、西方、西北方開門。但是因為東北方和西南方為鬼門線，所以盡量避開在此處開門，否則容易有腦神經衰弱、夢魘、怪病出現。還有一般住家大門不宜同時開兩個（公共場所另論），形成哭門，氣場容易飛散，而且宅內門也不要太多，否則容易有口舌是非。

住宅門型以長方適中為主，忌諱拱門或花花綠綠的門，保持整齊乾淨，好的氣進來才不會受到阻擋，否則不僅錢財易流失，婚姻及家人的感情也會受影響，而有關大門要開在中門、龍邊、虎邊則必須以宅局（水局、巒頭、宅運）而定。

門的位置不論門內外，如有路沖、樑壓、穿堂則為不利之格局，必須安放葫蘆、五帝錢、羅盤、綠盆、圍牆等等方法予以制化。

◎眼睛是窗戶、大門是嘴巴、房子是身體。前院左右圍牆是左右手（掌管前程），後院左右圍牆是左右腳（影響子女）。

◎門框不可歪曲斜開，要厚實無損。否則容易影響對外發展的能力，間接影響財運。

◎大門顏色不要花花綠綠，最好的顏色是乳白、象牙、銀色、木質材料；忌用深藍色、黑色、紅色。

◎大門材質屬於金屬類，會間接影響顧客的感受以及財運。

◎大門裝風鈴最好使用銅製品（比較重），不宜吊輕型風鈴，經常無緣無故響不停，表示容易犯小人。

◎一般住宅忌用拱形門，一入門就看到水龍頭或是水槽向大門均主漏財。

◎大門年久失修，有生銹、腐蝕、斑駁、故障，必須馬上修繕，否則宅運不順、人際關係不佳、家運敗退、對家人健康不利。

◎臥室正對大門，居住其中之人易沉迷於淫慾而不自知。

◎春節貼門聯等迎春的一些門貼、宅名、姓氏牌，字跡要清晰、明亮，如果已經斑駁、破損，必須馬上做更換，否則名聲信譽會受影響。

◎門前有爬藤類植物或樹木，主口舌是非；門前有地下道，車庫出入口，主財破血光。

◎圍牆要同高，若是左牆高主應妻死再娶，右牆高表示孤寡之象。

◎屋宅正門案劫煞，若有大樹或枯樹，主家道中落。

◎為了理氣將大門設為斜門，稍微一點點斜度還無妨，太斜的話則斜同邪也！主應家運不順、邪事一堆、是非口舌，且易有開刀血光之災。

◎門前堆積垃圾或雜物，會影響運勢及財運。

◎為了空間利用，騎樓堆放雜物或阻路不通，讓行人要繞路而行，代表拒財神於千里，推財神出門之意。

◎住家大門要適中，配合居家住宅，太大主應錢財留不住、漏財；太小表示主人家很小氣。

◎保險櫃忌外露，收銀機則無妨，但是放錢的地方要向內。

◎門前有尖射、壁刀、電線桿、屋角、招牌、水塔。主應身體常有病痛、意外血光、破財之象。

◎大門不宜開太高，相宅經：「門高勝於廳，後代絕人丁。」門為口屬陰論女，所以多生女比較多，表示男丁不旺。

◎大門柱子或門框腐爛，家中之人腳常常會出毛病。

◎大門若是子母門，平常開母扇，常開兩扇夫妻易反目，子女福分不均。

◎大門也不適合離地面太高，若在屋外可以直接看到裡面人的腳，表示容易遭橫禍意外，腳斷受傷，經常腰痠背痛。

◎正大門前不宜種植柳樹，垂柳貌似憂愁無依狀。

◎大門直沖對面的樓梯口，主應散氣敗財。

第三節 客廳

客廳為居家生活之必須空間，每天進出住宅，首先映入眼簾的即是客廳，也是一般家庭成員聯絡感情的地方，其使用方法仍盡量採用本命吉利方位。

客廳宜方正，最好設在靠近大門之處，雖然設置的方位不一定在吉方，但是個人的座位還是以吉方為佳。所謂「明廳暗房」，就是表示客廳光線要充足，天花板不宜太高或太低，以九尺至一丈二為準（270 公分至 360 公分）。

除了電視壓在凶位外，電器用品宜遠離身邊，家具色系不宜太多，主人位以能夠綜觀全宅，而又能配合命卦為最佳。

◎沙發擺設必須朝向門或是側向，忌背門而設，容易犯小人、口舌是非、人際關係不佳。所謂「入門三相，便知其家」，就是這個道理。

◎客廳的位置要在屋宅的前方，也就是一進門就是客廳，這是最理想的安排，若將客廳擺在後方，從形家陽宅學的觀點來看，主退財且人際關係不佳。

◎客廳的燈飾，要以圓形為主，而且要明亮光澤。

◎客廳掛圖應該要配合身分、職業、地位。一般住家可掛牡丹富貴圖（富貴無邊）、年年有餘、百子圖；文教類可掛孔子像、百合、字畫、駿馬圖、鯉躍龍門圖；工商界人士可掛彌勒佛、牡丹富貴圖、山水畫。

◎客廳擺飾大船入港，要船頭朝內，主動中得財；駿馬奔騰，要馬頭朝外，主出外求財。

◎客廳掛匾忌黑色，主應牢獄之災，而且小孩行為易偏離。

◎客廳的光線要充足，所謂明廳暗房，客廳昏暗低窄，主個性不開朗，財運不順。

◎客廳與住宅比例要適當，保持乾淨、整潔。色彩要搭配得宜，顏色過於鮮豔或複雜，容易產生視覺神經錯亂。

◎客廳動線要流暢，財氣才會順。一般水箱養魚，擺放正確雖可催財，但會影響家人身體之健康，盡量擺放大葉圓形綠色植物。

◎客廳的空間不宜過窄或太寬，以適中為原則。

第四節 臥房

陽宅有三要：大門、爐灶、主臥。人的一生有三分之一的時間在床上度過，所以臥房、床頭、床位都必須選擇本命的吉方。

不可大於客廳，財氣不聚，夫妻感情不睦。房間顏色不可過於鮮豔，容易衍生口角是非，神經衰弱等等。

床頭要有靠，不要貼地面而睡，忌壓樑、鏡子直射、鋪地毯、對沖廁所、不規則房形、無窗、多窗、同窗（一面牆有兩面窗）、擺放刀劍、神佛、魚缸、風鈴、開天窗、門對門等等諸多煞氣。

以上種種煞氣能避則避之，若無法改變宜用裝潢改變，或使用屏風、矮櫃、開運簾、五帝錢、盆栽等等來加以改善，但要切記勿使用太多的制煞物，反而讓整間房間的格局感覺相當的突兀。

◎房間大於客廳為奴欺主，以下犯上之意，不聚財且事業發展不易。

◎床頭盡量不要掛圖畫，很多新婚夫妻都會掛結婚照、時鐘、風鈴、吊燈、動物畫，會影響睡眠造成腦神經衰弱；山水畫會影響夫妻感情及生育的問題。

◎床對落地窗，除了應桃花之外，也表示在家待不住，老想往外跑。
◎化妝台對落地窗，主該婦人常想往外跑；床沖門也老想外出。
◎房門對冰箱門，小孩容易患哮喘病，住該房之人也必須小心。
◎房門相對，論口舌是非，家中之人時常爭吵。
◎房間不宜設在地下室，主應事業不順及婚姻多變。
◎房間在騎樓上方，睡不安穩，若是夫妻房容易有流產之象，難出丁，常外出。
◎房間上面不宜是廁所，對健康不利，事業也不順，若是小孩房，則不利於功課。
◎床頭忌背門而睡，主犯小人。
◎床頭後面有巷道，主應破財、犯小人、頭疾。
◎床頭緊貼窗戶，主犯小人。尤其背後有巷道、馬路更嚴重，主應破財、犯小人、頭疾。
◎床頭後方有廁所，主應破財、頭疾。
◎小孩房上下床舖，睡下舖者易有壓迫感，心思煩雜、性格壓抑。
◎床忌樑柱、吊燈，壓在哪裡應哪裡出問題。
◎房間顏色宜淺淡，深色不宜，也不能設在樓梯下方，樓梯壓頂應血光意外、產厄、多病、財運不順。
◎房間下方不宜是廚房，影響睡眠品質，造成脾氣不好、緊張、躁鬱。若是夫妻房則感情失和、身體多病。

◎床頭與爐灶之牆相鄰，易生皮膚病、躁鬱、頭疾。
◎床頭之牆緊貼水箱，尤其是打水用，久居必有頭疾，嚴重者會長瘤。
◎房間窗戶有鮮艷之花，主應桃花，尤其又在男女主人之桃花位則更應驗。
◎房間窗戶或落地窗正對煙囪，則應驗心血管疾病、高血壓、中風。
◎主臥房設樓梯，主應易流產。
◎房間內部格局也是要通暢為宜，若空間窒礙難行，則大人應驗胃腸疾病，小孩則容易緊張、壓力大。
◎床忌沖廁所門，沖到哪裡應驗病症在哪裡。
◎房門沖鏡子，應桃花、喜外出、口舌、心煩、破財。床兩側也不宜對鏡，應做噩夢、婚外情；小孩房則喜外出，在家待不住。
◎房間窗戶不宜對開，容易造成不孕，生女多。若是女兒房表示個性比較開放，作風大膽。
◎床頭櫃或床頭邊矮櫃，忌放音響，應腦神經衰弱、叨唸不已。
◎床尾有除濕機，容易尿失禁；有電視機，對到之人愛嘮叨，腳部易痠痛；若剛好在兩人中間，則容易吵架（夫妻或兄弟同論）。

第五節 書房

古有云：「十年寒窗無人問，一舉成名天下知」。十年寒窗苦讀為的就是求取功名，光宗耀祖，是故書房關係著一個人一生的光榮富貴，至為重要。

八宅周書並無記載書房，但是八宅既然分為東西四宅，就是表示書房必須安置於本命卦之吉利方位。亦即置於生氣、天醫、延年、伏位方，忌置於五鬼、絕命、六煞、禍害方。

◎書房選擇之首要必須要靜，才能平心靜氣的認真讀書。

◎六秀方在巽辛、艮丙、兌丁方，若六秀方有缺陷或不佳之形煞，主論雖然努力向學，但卻功名難求。

◎書房不宜有門或路直沖，主應讀書不專心，意外血光，多病災。

◎書房最好勿靠近廚房或客廳，才不至於擾亂心靈，無法安心讀書。

◎書桌放在陽台水池假山之下，讀書會不專心，心性不定。

◎書桌忌背門，容易養成嬉戲的習慣，導致心神不靈。

◎書房窗簾顏色忌粉紅、紅色、深黑色，讀書會不專心、多幻想。

◎書房或書桌不可設在陽台，氣場混雜，寢食難安。

◎鏡子忌沖門，表示在家待不住，多口舌是非。

◎書房設於爐灶上下之位，均表示脾氣暴躁，處事欠融。也不可設計衛浴上下，主應污穢文昌。

◎書房最好安在本命卦四吉方及宅文昌、個人文昌、流年文昌最好。

◎書房一定要整理乾淨，才不會養成散漫的習慣。

第六節 廚房

客廳為陽（男主人官運），廚房為陰（女主人財運），是故兩處必須有所區隔，否則感情容易有摩擦之現象。爐灶為炊事之處，對家人的健康及財富甚為影響。而現今的灶已普遍因應時代的轉變，已被現代的瓦斯爐、微波爐、烤箱、電氣用品所取代。

爐灶的吉凶方位為坐凶向吉，也就是東四命者爐灶位置適合坐東北方、西南方、西方、西北方，面向東方、南方、北方、東南方；而西四命者爐灶位置適合坐東方、南方、北方、東南方，面向東北方、西南方、西方、西北方。因為爐灶的油煙不利健康，故壓在凶方；而灶口所納之氣被食物吸收，食物又是本身所需，故面向吉方。

◎一進大門就看見爐灶，主破財。宜在本宅藏風聚氣處且光線充足，但不能直接受陽光照射，會影響食物品質。

◎廚房忌在大門延長線外或屋外，主應男主人外遇桃花，常不在家用餐。

◎爐灶不宜正對水缸，主心血管疾病。

◎爐灶之旁不宜是水龍頭，否則掌廚之人容易犯病。

◎廚房一般在房子後方，所謂步步高升，若是廚房低陷（比客廳低），家中老人易患病，且有中風之象。

◎照水經云：「廁屋對灶門，年年牛病損。」表示廁所和廚房兩門相沖，易患泌尿系統、胃腸、婦女病。

◎廚房與餐廳在一起，表示家人很少在一起用餐。

◎爐灶正對餐桌腳，表示女主人或小孩子的腳容易痠痛。

◎爐灶置於陽台，成懸空狀，主破財、口舌是非。

◎爐灶背要有靠，若背後不齊，如三角畸形，主開刀、血光。

◎廚房置於宅中間，應心血管疾病、胃腸不適。

◎廚房設於大門旁，易得腸胃病，而且性情慵懶。

◎爐灶旁有熱水器，左邊應男主人脾氣暴躁，右邊應女主人愛嘮叨。

◎爐灶背後有水井或抽水馬達，掌廚之人身體欠佳，且易犯小人。

◎爐灶底下設化糞池，應胃腸、皮膚病。

◎爐灶後面有樓梯，家中之人經常牙痛。對到冷氣機，看對到誰住該房，主脾氣暴躁、情緒不安。

◎爐灶對冰箱，距離近家人易犯氣管炎，距離遠應血光、女人個性不好。

◎爐灶對到電鍋或微波爐，主應個性脾氣暴躁。

◎爐灶口正對樓梯，往上家中出太保流氓，往下出太妹。

◎爐灶口正對水龍頭，除了心血管疾病之外，也主應桃花。

◎爐灶口正對神位，會有頭痛、心血管疾病。

◎爐灶口對到牆角或冰箱之角，主血光、經常腰痠背痛。

◎爐灶口對到排水口，主破財。

◎爐灶口對到房間門，除了胃腸不適，夫婦易吵架，小孩常感冒，身體不適。

◎家中忌雙灶，主家中不和、是非多。

◎爐灶置於樑下方，所謂灶壓天心，應頭疾（抽風機隔開可解）。

◎爐灶置於加建之排水溝上，應破財、胃腸病。

◎爐灶直沖宅內通道，應女主人泌尿系統不佳，若通道又有樓梯，則應子宮開刀。

◎爐灶後若有窗應該封住，或是爐灶移位，否則應開銷大、不聚財。

◎爐灶口方向忌與宅反向，應家人不和、不聚財。

第七節 廁所

廁所於宅內的位置考慮的因素甚多，避免安置在大門口、宅中央、樓梯下、正對門、正對床等等，尤其必須設立在命卦的凶方，並且避免置於文昌位上。亦即東四命者當置西南方、西方、西北方、東北方四個方位上；西四命者當置南方、北方、東方、東南方四個方位上。

◎廁所忌置於宅龍邊、床頭之左側、天井之左側，應健康不佳、藥罐子。

◎廁所最宜放置黃金葛（容易生長與照顧）、粗鹽（適時更換，吸納穢氣）。

◎廁所內若有漏水，主應破財。

◎廁所門常常開啟，容易犯小人（隨手關上）。

◎廁所門沖到書桌或辦公桌，會導致精神渙散，辦事效率不彰。

◎廁所門沖大門，應胃腸病、泌尿系統不佳、口舌是非、財運不順。

◎廁所位於宅中央或是屋後中間，應心血管疾病、頭疾、胃腸病。

◎廁所沖到收銀台、財位、金庫、營業櫃檯，主破財。

◎廁所沖神位，易犯小人、口舌是非、財運不順、破財。

◎廁所最好設在宅中白虎方或是煞方為佳。

◎一入門就看見廚房或廁所，表示財來財去，夫妻失和，身上容易會有怪病產生，運勢坎坷不遂之象。

◎廁所沖床，主應桃花、意外血光、開刀、產厄。

◎廁所沖廚房，對全家人的健康都會有影響。

◎廁所門與灶位相沖，主應家中有腹瀉之病，婦女有疾。

◎廁所門與臥室門相沖，主應易有不好的桃花，亦主多病痛。

◎廁所內光線暗淡，通風不良，會導致性無能、冷感、月事不順等症。

◎廁所或浴室要保持通風乾淨，陳設損壞老舊不堪，都會影響居住者的健康，不可不慎。

第八節 神位

神明廳是中國人生活上不可或缺的空間，神明及祖先靈位應該設在宅主的吉方，背後要有靠不能有樓梯、主臥室、廁所、電梯、爐具等等，最好是坐裡朝外，側坐也可但千萬不能面向宅後安神。神明四周保持乾淨，早晚上香，避免有壓樑、角射、電氣用品、樓梯下安奉，建議以立式神明桌為佳，配合擇日、開光讓家境平安，財源廣進。神明宜單不宜雙，一般住家恭俸一尊或三尊為宜，祖先靈位在神明的右邊。

◎宜安與宅同向，但若是宅前明堂不佳，有形煞（反弓、壁刀、路沖、天斬煞、電線桿、煙囪、招牌煞），則宜安在宅之左右方。

◎左右方宜收水局，即水由右（虎邊）到左（龍邊），則神位要安在左牆（龍邊）收水，反之亦然。

◎安神要避開主事者煞方：申子辰命煞在南，忌安坐南朝北；
巳酉丑命煞在東，忌安坐東朝西；
寅午戌命煞在北，忌安坐北朝南；
亥卯未命煞在西，忌安坐西朝東。

◎神桌破舊、低陷，應破財。

◎神像論家中男人，祖先牌位論家中女人或子女，神明爐男女都論，公媽爐只論男丁。

◎神位後方不可設夫妻房，床頭緊靠更是應驗，主破財、常常做夢。

◎神位後方是廁所也主破財。

◎神位前方正對冷氣機，家中失和，若是夫妻房所有，則易有婚變。

◎神像只供俸一尊，不能安置在牆正中間，應心中煩悶不堪，若安神與宅位相反，與爐灶口相反同論，應家人不和、不聚財。

◎神位緊靠右牆，形成逼虎，主女人強勢。若在公司論員工強勢或請不到好員工。

◎神桌底下要保持整齊、乾淨，雜亂無章主應家人腳易痠痛，嚴重者導致不良於行。

◎神位無緊靠牆或神位架空，而神位下常常在走動，應破財，若是公司、工廠也論財破。

◎神位正對大樓地下停車場出入口，應破財、嗜賭，若是對到拱形門出入口，也論嗜賭。社區土地公廟正對拱形之樹蔭，論該社區村民嗜賭。

◎神位對到形煞，皆論血光、意外、破財。

◎神位下方擺電視、音響，小孩氣管不佳；放冰箱小孩頻尿，主人手腳易冰冷；放椅子腳易痠痛、財破。

◎神位前忌風扇，電燈直射，家裡人心情煩躁，若神位兩側掛時鐘也同論。

◎神位正對電視機，易犯口舌是非、心血管疾病；對到桌櫃角主血光。

◎神明廳長度深，家中人城府較深；淺的話表示較沒有心機。

◎神位正對除濕機，小孩易尿失禁，對到鏡子家人失和，鏡子反射看到神像，男主人易犯心血管疾病。

◎神位前方置沙發，家中之人易長痔瘡。

◎神位對到冰箱，孩子叛逆不孝。

第九節 樓梯

樓梯好比是一個人的心臟血管般，也是手腳筋骨勞動的地方，就如同身體的手腳四肢。設計安置好壞除了直接影響健康之外，財運以及是非口舌都會有所關聯，是故必須置於命卦的吉方為要。避免樓梯居中、房內藏暗梯、樓梯陰暗、樓梯彎折、堂門沖梯、樓梯過寬、過窄、過高、過陡，或是置於樑下都是不良的格局。

◎樓梯的設計要以安全為最重要，而且階梯數要使用單數，因為單數為前進之意，而雙數則為後退數。

◎樓梯不能設於屋宅的中心點，猶如將住宅割成兩半，主應夫妻失和，庭內難和睦。

◎樓梯過於傾斜，容易患有五十肩與酸痛背痛。

◎樓梯若有損壞，要盡快修補，否則宅中之人手腳容易受傷。

◎透天厝一樓樓梯，最忌諱開在龍邊直洩而下，此為龍水拖出，謂之牽鼻水，財利漸失，小孩在家待不住，老想往外跑。

◎樓梯下方不設床，主應心情壓抑難安，睡不成眠，亦主產厄。

◎一開門外出見梯往上，為不佳之格局，表示坎坷不順，易有意外血光。因為明堂本來就要寬闊，況且樓梯好似很多尖刀直射而來，處處煞氣逼人。

◎目前很多公寓大樓，走出電梯之後，必須要經過多處轉折，才能夠到達家門口，此為家運不順的現象。

◎一般居家住宅並不適宜建造迴旋梯，如腹中時常攪動一般，健康必定不佳，易有心血管疾病及桃花之應。

◎臥室的門口均忌諱直沖樓梯，不管上樓或下樓，只要過於逼近，都會造成不利身心健康的影響。

◎一入門就看見樓梯氣口，表示容易出盜賊，亦主婦人多桃花。

◎住宅後方要靜，若樓梯設在住宅的後方，就容易會有骨刺跟腰痛，牙齒也不好，且易有開刀的狀況。

◎門前有階梯往下，一般都是女性掌權，家人在家待不住，常常想著往外跑，故如同旅社飯店，來來往往，進進出出。而階梯數分為：天、地、人、富、貴、貧，逢六之倍數為貧，建造之時宜慎之。

◎樓梯壓灶位，宅內之人易受傷。

◎樓梯要有隱密性，若樓梯設於屋外，主應在家待不住，容易會有風流韻事。

第十節 財位

所謂「門迎春夏秋冬福，戶納東西南北財」，財位依不同的風水派別，會有很多看法，但是大致上分為引財、招財、聚財。一般看水的流向來引財，宅內聚氣不動方就適合招財及聚財，這都是屬於顯性的財位，當然也有依房子的座向來決定財位的暗財位。財位可佈局財神、貔貅、水玲瓏、引財龍銀、聚寶盆、發財樹、風水畫、三角蟾蜍等。

◎依八宅明鏡法，財位以生氣方為主，延年方、天醫方為次佳。

◎依紫白飛星法，財位取生氣方及旺氣方。

坐東朝西—財位在東方、西北方。

坐南朝北—財位在東北方、南方。

坐西朝東—財位在南方、西北方、東南方。

坐北朝南—財位在西南方、北方。

坐東南朝西北—財位在西南方、東南方。

坐西北朝東南—財位在西方、西北方、北方。

坐西南朝東北—財位在東方、西南方。

坐東北朝西南—財位在西北方、東北方。

◎依乾坤國寶三元水法，財位可以在庫池位、輔卦位做佈局。

◎依三元玄空原理，可以在埃星的生氣、旺氣方做佈局。如2004～2023年為八艮運，則「山管人丁，水管財」，故以向為財，此時就可以在向星九離旺方與一坎、二坤生氣方做佈局。

◎最簡易也是最傳統的財位選擇，就是客廳入門的斜對角處，但此處必須是直角，而且是藏風聚氣的不動方。

◎財位要保持乾淨，不宜堆放雜物、尖角沖射、落陷或缺角，會影響財運而導致破財。

◎財位處最好是直角狀，不宜開落地門、有橫樑、窗戶，會成為空財位。

◎財位處忌安鏡子或背後無靠，表示財落空，不聚財之意。

◎財位不宜放置電器製品，如電話、電視、印表機、傳真機、電鍋等，則財不易聚集。

◎財位上可放常綠性盆栽，如開運竹、發財樹，表示綠意盎然，滿室生春，財源廣闊之意。不可放置如仙人掌、杜鵑、假花等。

◎財位可安置主位辦公桌或是沙發椅。

◎財神可以安在客廳財位上。

◎一般住家不動方的財位上，並不適合擺放流動的景象，如水流瀑布、魚缸、海浪圖等。易曰：「吉凶悔吝者，生乎動者也」，擺放得當，雖可催財化煞，但會傷身；

若擺放不當，則未蒙其利，先受其害，恐傷丁又破財。

◎財位可以擺放吉祥物品，如年年如意圖、牡丹富貴圖、三羊開泰圖、山水圖、福祿壽三仙等。

◎財位處要光亮，不宜過於昏暗，否則表示賺錢辛苦。

第十一節 辦公室

辦公室風水佈局運用得當，對事業發展就會有很大的幫助。首先選擇龍過堂的開運格局，配合左青龍、後玄武要靜，右白虎、前朱雀要動的基本原則，表示工作事業順利、長輩緣佳、貴人多、精神好、氣勢強，再輔以理氣與收水的原理，則必定福至心靈，廣進錢財。

◎依八宅明鏡法，辦公桌要擺放在生氣方、延年方、天醫方、伏位方。

◎依紫白飛星法，辦公桌要擺放在生氣方或旺氣方。

◎主位者座位忌靠近大的電器用品，如鋼製辦公桌、電塔、電桶等。會干擾磁場，影響決策者的判斷力，導致心神不靈。

◎背後要有實牆為靠，後靠不能有鏡子、窗戶、壁角、櫃角等。主應易犯小人，也容易有破財、意外血光。

◎辦公室要明亮，燈光損壞要馬上維修，否則業務不展，財運就不濟。

◎辦公室忌諱三面或四面採光，不容易聚氣，且容易散財。

◎辦公室以方正或長四方形格局為佳，也不宜為了理氣而斜放辦公桌。

◎辦公室並不適合放置屏風，表示對外發展有限。
◎辦公室主位旁，設置水龍頭，表示容易漏財。
◎辦公室忌沖，若是背空或逢沖，表示意外是非多，小人糾紛不斷。
◎辦公桌座椅最忌壓樑、燈射，則除了財運不濟之外，身體也會出毛病。
◎辦公室主位不能離大門太近，距離越遠，風水越好。
◎座位、床位、神位、灶位都不可背門，主應小人當道，人事不和。
◎辦公室直接對著樓梯、長廊、廁所，主應財運不佳，升遷無望。
◎坎、離、震、巽，東四命者，可以在東方或東南方放置盆栽，北方可放水養烏龜，南方可擺放檯燈或是紅色吉祥物。
◎乾、兌、艮、坤，西四命者，可以在西方或西北方安置銅鈴、風鈴、五帝錢，東北方和西南方可擺放水晶，以招財氣。
◎辦公室桌面不宜擺放太多資料檔案或書籍，導致很多負面陰性的能量聚集。
◎辦公桌要面向逆水而收，若是水由背後順水而出，表示財水流出，主應破財。
◎辦公桌面左邊青龍方宜高，右邊白虎方要低。也就是電話、電腦在左邊，右邊可置放一些簡單的文件資料。

【第十四章】

實際範例：陽宅診斷與規劃之步驟

如果您用這一派來規劃自己的房子或幫朋友或客戶規劃，就可照以下步驟進行，當可很明確得知一間房子的好與壞，再加以改進。

學完了八宅明鏡陽宅診斷與制煞之流程後，我們在此用實際案例完整列出一間陽宅內外格局，如何取資料以及如何量各方位角度。只要正確輸入各角度，以及住在屋中的成員，就能完整診斷出一間陽宅各房間、廚房、書房、廁所、神位以及成員所住的房間好壞，好讓我們了解如何才能趨吉避凶。

本派陽宅吉凶論法，是以八宅明鏡做為論斷基礎，即八種坐向的住宅，八宅派起源於唐朝，盛行於宋朝。宋朝以後，這一流派代代相傳，竟在陽宅相中獨佔魁首，深入人心，以下就一般房子需注重的一些細節，一一詳述，以做為陽宅規劃之參考。

首先要取得住在本宅成員的資料以及屋中各房間位在哪個方位

先量屋宅坐向：

坐316度乾（正西北）方

向136度巽（正東南）方

本宅各房間所在方位坐向：請用羅盤仔細量

大門：100度方

客廳：109度方

神位：225度，坤（正西南）方

書房：45度，艮（正東北）方

水路：來：202度方

水路：去：89度方

廚房（坐）：283度方

灶位（坐）：320度方

廁所（一）：270度，酉（正西）方

廁所（二）：41度方

臥室（一）：250度方

臥室（二）：1度方
臥室（三）：60度，寅（東北東）方
臥室（四）：181度方
缺角：180度，午（正南）方
凸出：110度方

家中成員：

爸爸：黃大維生日：1958/06/22，臥室：1，命卦：乾（西四命）
媽媽：邱小津生日：1961/12/13，臥室：1，命卦：震（東四命）
女兒：黃曉梅生日：1986/07/13，臥室：2，命卦：坎（東四命）
兒子：黃宇祥生日：1989/07/13，臥室：3，命卦：坤（西四命）

下圖為本宅之形狀圖：

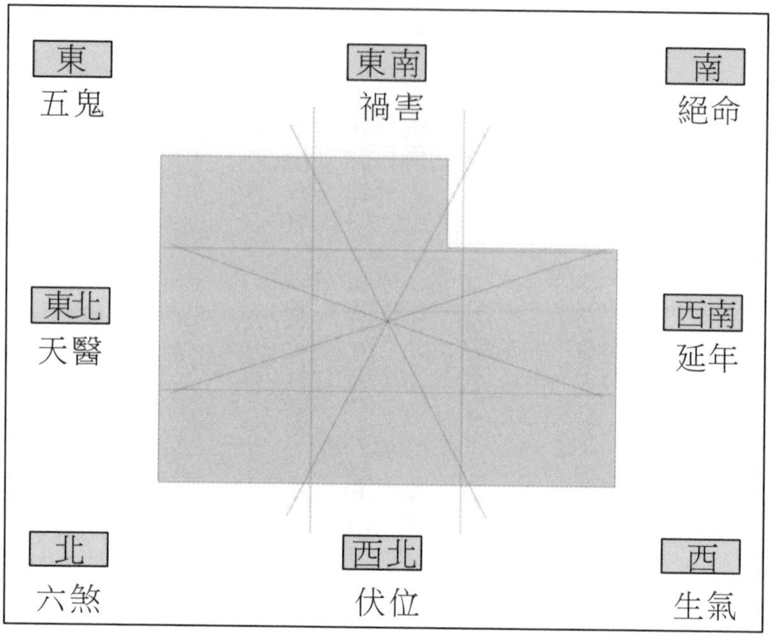

由我們所測得屋宅吉凶方位詳述

大門方位解析

住宅大門是內外空間分隔的最外部標誌，即是氣口所在。陽宅之門接納外界的氣息，猶如人體之口接納食物與空氣一樣重要。好的大門能提高主人對外的運勢。

1、本宅大門是位於 100 度（五鬼方）：廉貞星。

2、這個方位的氣是屬火星、大凶。

3、長期在這方位可感應：失竊火災、破財病厄、狂暴受害、失運落魄。長期住在五鬼的人會導致判斷錯誤、與人爭吵，甚至損失金錢、官司纏身、發生火災，由於和家人對立，為錯誤所苦，便會引來家人的不滿，再持續下去則會精神崩潰。

4、在身體疾病方面要注意：血液循環系統、心臟血管、血壓、眼睛、小腸、傷寒、心律不整等症狀。

客廳方位解析

客廳風水是陽宅風水中很重要的一環，一個家庭整體宅運的吉凶，無論是事業升遷的順逆、運勢的高低、家人財運的好壞、夫妻緣分的深淺、子女讀書、考試的運勢、健康狀況是否正常，大抵均由客廳風水所決定。足見客廳風水，乃陽宅風水的「核心」。

1、本宅客廳是位於 109 度（五鬼方）：廉貞星。

2、這個方位的氣是屬火星、大凶。

3、長期在這方位可感應：失竊火災、破財病厄、狂暴受害、失運落魄。長期住在五鬼的人會導致判斷錯誤、與人爭吵，甚至損失金錢、官司纏身、發生火災，由於和家人對立，為錯誤所苦，便會引來家人的不滿，再持續下去則會精神崩潰。

4、在身體疾病方面要注意：血液循環系統、心臟血管、血壓、眼睛、小腸、傷寒、心律不整等症狀。

臥室（一）方位解析

臥室風水配置得宜，可帶來身心的健康及擁有美滿的人生，臥室首先要重視具有好磁場的能量，以營造適合休息與睡眠的空間。本項功能診斷是以房子之坐向做為判斷，如果方位好，那恭喜您！如果不好可由個人臥房來做調整。

1、本宅臥室（一）是位於250度（生氣方）：貪狼星。

2、這個方位的氣是屬木星、上吉。

3、長期在這方位可感應：官貴旺宅、吉慶有餘、一帆風順。具活動力，元氣提升，有積極的作用，充滿霸氣，與異性約會機會增加，生育能力也增強。

臥室（二）方位解析

1、**本宅臥室（二）是位於1度（六煞方）：**文曲星。

2、這個方位的氣是屬水星、次凶。

3、**長期在這方位可感應：**恃勢驕縱、損財敗財、聲色娛樂、諸事不順。長期犯六煞的人，心理會失去平衡，整日悶悶不樂，容易與人起爭執，特別是不把人當人看，對於財運和健康都不好。

4、**在身體疾病方面要注意：**泌尿系統、腎臟、膀胱、腰痠、子宮、卵巢、遺精白濁等症狀。

臥室（三）方位解析

1、**本宅臥室（三）是位於60度，寅（東北東）（天醫方）：**巨門星。

2、這個方位的氣是屬土星、中吉。

3、**長期在這方位可感應：**家宅興旺、無病消災、平安健康、一團和氣。生活安定，可以從煩惱中解脫，身體健康，出外遇貴人。

臥室（四）方位解析

1、本宅臥室（四）是位於181度（絕命方）：破軍星。

2、這個方位的氣是屬金星、大凶。

3、**長期在這方位可感應：**憂鬱寡歡、是非連年、財散損壽、健康堪慮。長期間處於絕命方的人，會表現出憂愁、絕望、矛盾的情節，將自己陷於谷底有如罪人一般，恐怕會導致精神錯亂或身體疾病，有時也會受靈障所苦。

4、**在身體疾病方面要注意：**呼吸系統、肺、大腸、筋骨痠痛、牙齒、氣管炎、容易感冒、便秘等症狀。

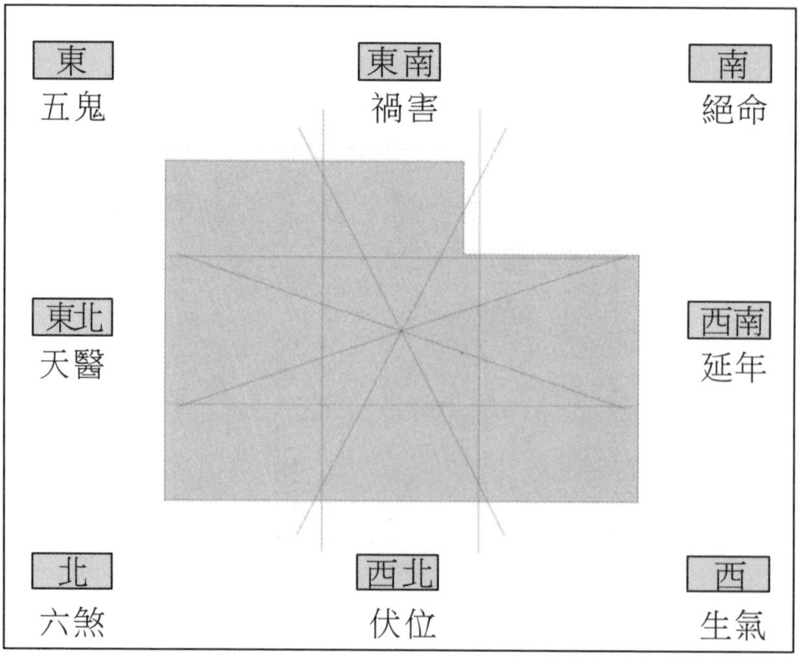

依目前家中成員，個人臥房及方位最佳建議

再怎麼好的建築，或是具有獨特的創意設計，都一定有四吉方（生氣、天醫、延年、伏位），相對的也有四凶方（絕命、五鬼、六煞、禍害）。

若是大門、寢室、床位、辦公桌、沙發座椅、灶向、電器用品等位在四凶方，基於趨吉避凶的原則，可以將四凶位轉化成四吉位，變換四凶方的各個方法不同，千萬別弄錯了。即使不能改變大門的方向或位置，也可以調整寢室或電器用品的方位，達到「轉禍為福」的目的。

臥室風水配置得宜，可帶來身心的健康及擁有美滿的人生，臥室首先要重視具有好磁場的能量，以營造適合休息與睡眠的空間。

本項功能診斷是以個人命卦來做四個吉方位的調整，請參考用之。

黃大維您目前睡在臥室（一）在房子的 250 度方

1、因您本命卦為「乾」命。

2、所以此房間是您本命卦的生氣位方。

3、這個方位的氣是屬木星、上吉。

4、長期在這方位可感應：官貴旺宅、吉慶有餘、一帆風順。具活動力，元氣提升，有

積極的作用。

5、充滿霸氣，與異性約會機會增加，生育能力也增強。

6、可選擇位於房子的乾（西北方）、艮（東北方）、坤（西南方）、兌（西方）的臥室。或將床移到上面所建議之房間內的四個吉方位（就能符合宅命配卦）。

邱小津您目前睡在臥室（一）在房子的 250 度方

1、因您本命卦為「震」命。

2、所以此房間是您本命卦的絕命位方。

3、長期間處於絕命方的人，會表現出憂愁、絕望、矛盾的情節，將自己陷於谷底有如罪人一般，立於四面楚歌之中，恐怕會導致精神錯亂或身體疾病。制化「絕命方」的是「延年方」，只要改正此方位，即可養成忍耐、理解他人立場、受人歡迎，增加思考能力、樂觀，成為身心健全的人。

4、可從西方的絕命方轉變為東南的延年方。

5、可選擇位於房子的震（東方）、坎（北方）、巽（東南方）、離（南方）的臥室。

6、可將床移到上面所建議之房間內的四個吉方位（就能符合宅命配卦）。

黃曉梅您目前睡在臥室（二）在房子的1度方

1、因您本命卦為「坎」命。

2、所以此房間是您本命卦的伏位方。

3、這個方位的氣是屬木星、小吉。

4、長期在這方位可感應：家庭和樂、持家有成、和緩穩重、福分有得。可儲蓄自己的經濟能力，對家庭責任感增強，家庭圓滿，性慾需求減少。

5、可選擇位於房子的震（東方）、坎（北方）、巽（東南方）、離（南方）的臥室。

6、可將床移到上面所建議之房間內的四個吉方位（就能符合宅命配卦）。

黃宇祥您目前睡在臥室（三）在房子的60度方，寅（東北東）

1、因您本命卦為「坤」命。

2、所以此房間是您本命卦的生氣位方。

3、這個方位的氣是屬木星、上吉。

4、長期在這方位可感應：官貴旺宅、吉慶有餘、一帆風順。具活動力，元氣提升，有積極的作用，充滿霸氣，與異性約會機會增加，生育能力也增強。

5、可選擇位於房子的乾（西北方）、艮（東北方）、坤（西南方）、兌（西方）的臥室。

6、可將床移到上面所建議之房間內的四個吉方位（就能符合宅命配卦）。

也一定要測廚房方位吉凶

現代的廚房系統，一般由烹調、洗滌、配餐、儲藏四個基本需求所組成，因為廚房代表一家人的財帛、食祿及健康狀況，規劃具有好的磁場，才有助於家庭的健康與發展。

廚房的吉凶方位為坐凶較好、坐吉較不好。

東四宅者廚房位置適合坐東北方、西南方、西方、西北方。

西四宅者廚房位置適合坐東方、南方、北方、東南方。

經診斷家中的廚房位在

1、283度，壓（坐）在生氣方。

2、表示人口不旺、敗丁破財。

瓦斯爐方位吉凶

爐灶的吉凶方位為坐凶向吉（以宅主人命卦或長期炊事者來論）。

東四命者爐灶位置適合坐東北方、西南方、西方、西北方，面向東方、南方、北方、東南方。

西四命者爐灶位置適合坐東方、南方、北方、東南方，面向東北方、西南方、西方、西北方。

因為爐灶的油煙不利健康，故壓在凶方；而灶口所納之氣被食物吸收，食物又是本身所需，故面向吉方。

經診斷家中灶口（瓦斯爐）

1、140度，巽（正東南），向禍害方：表示官非訴訟、病痛破財。

2、320度，壓（坐）在伏位方：表示諸事不順、勞頓損財。

PS：除了上述必須注意之外，尚有許多爐灶所禁忌的地方，不宜在子（屬水）位或與水龍頭正對，因為水火相剋，身體忽冷忽熱，易生口角是非。爐灶忌壓乾方表示會損宅主，壓坤方表示身體不佳。

爐灶不能直沖各個門口，因為火氣外漏容易破財，爐灶四周要有靠，背後盡量不要臨窗，宅內方能和氣生財，當然爐灶上頭若壓樑、曬衣服都會影響家運或意外災害等等。

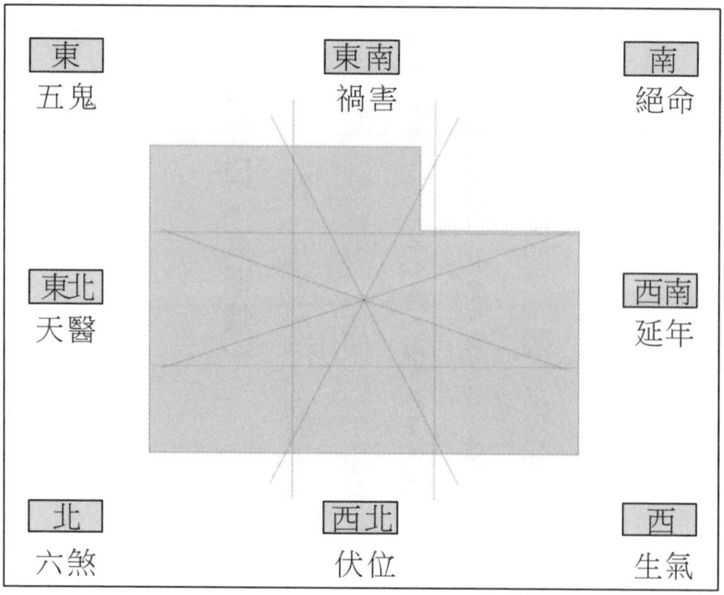
東
五鬼
東南
禍害
南
絕命
東北
天醫
西南
延年
北
六煞
西北
伏位
西
生氣

望子成龍、望女成鳳是為人父母殷切期望的，在陽宅學理上，對於文昌位的選擇約可分成三種佈局，我們就一一加以說明。

第一種八宅文昌

是以房子為主體，在文昌位擺上催文昌用之物品，對全家人之讀書運及貴人運都很有幫助。

經查出您的房子是坐西北（乾）朝東南（巽），文昌位在東方。

PS：在家中的文昌位當讀書及進修的地方或在該方位放上文房四寶或北斗七星圖或文昌筆（塔）等開運吉品，對進修、考試非常有幫助。

第二種個人文昌

是以該員出生年為主體，在該方文昌位擺上催文昌之吉品，對個人讀書運及貴人運都很有幫助。

1、**黃大維出生於 1958 年，經查出文昌位在西南方。**

因您出生年磁場關係，文昌方位需用靜態之開運吉品來催旺，可在該方位放上書桌、床、文房四寶或北斗七星圖，或文昌筆（塔）等開運吉品，對進修、考試非常有幫助。

2、邱小津出生於 1961 年，經查出文昌位在北方。

因您出生年磁場關係，文昌方位需用靜態之開運吉品來催旺，可在該方位放上書桌、床、文房四寶或北斗七星圖，或文昌筆（塔）等開運吉品，對進修、考試非常有幫助。

3、黃曉梅出生於 1986 年，經查出文昌位在西南方。

因您出生年磁場關係，文昌方位需用靜態之開運吉品來催旺，可在該方位放上書桌、床、文房四寶或北斗七星圖，或文昌筆（塔）等開運吉品，對進修、考試非常有幫助。

4、黃宇祥出生於 1989 年，經查出文昌位在西方。

因您出生年磁場關係，文昌方位需用動態之開運吉品來催旺，可在該方位放上能轉動的物品，如小魚缸、小風水球，或可轉動的文昌筆（塔）等開運吉品，對進修、考試非常有幫助。

第三種流年文昌

是以流年方位為主體，在該年文昌位擺上催文昌吉品，對全家人之讀書運及貴人運都有幫助。

1、經查出2012年，文昌位在東方。

2、經查出2013年，文昌位在東南方。

3、經查出2014年，文昌位在中宮或西南方。

PS：因流年文昌位每年都不一樣，可以在文昌方位上讀書或進修或在該方位放上文房四寶或北斗七星圖或文昌筆（塔）等開運吉品，對進修、考試非常有幫助。

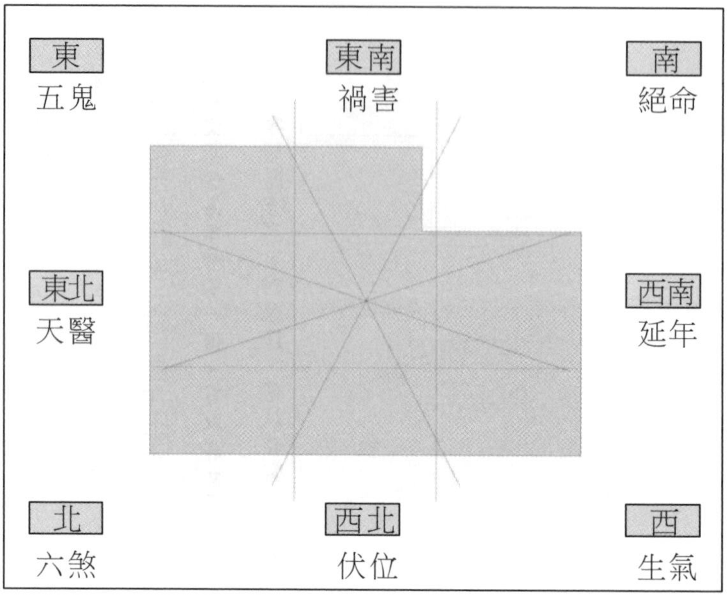
東
五鬼
東南
禍害
南
絕命
東北
天醫
西南
延年
北
六煞
西北
伏位
西
生氣

宗教信仰，是我們精神的寄託，人類供奉神聖之位置，宜擇吉方。

設計原則：要莊重、嚴肅，具有靈氣。

（神位的測量方法是以安神位之小太極（客廳）為測量範圍，分二十四山）

經診斷本宅為乾宅，所以巳方、午方、坤方、申方、酉方、辛方、壬方、子方、艮方、卯方、乙方、巽方安神位最佳。

二十四山的順序是：

1.福德、2.瘟疫、3.進財、4.長病、5.訴訟、6.官爵、7.官貴、8.自吊、9.旺莊、10.興福、11.法場、12.癲狂、13.口舌、14.旺產、15.進田、16.哭泣、17.孤寡、18.榮福、19.少亡、20.娼淫、21.姻親、22.歡樂、23.敗絕、24.旺財。

目前家中神位安放的位置為坤方所得之氣為「官爵」。

「官爵」安神位（門）最是祥，時常進出外田庄，生得貴子興家旺，財寶珍珠時寶箱。德業榮身入帝鄉，千般吉慶自榮昌。

PS：依目前安座神明的方位為吉方，全家將會得到神明的庇佑，身體健康、萬事如意。

家中廁所方位吉凶論斷

廁所於宅內的位置考慮的因素甚多，避免安置在大門口、宅中央、正對門、正對床等等，尤其必須設立在宅卦或命卦的凶方，並且避免置於文昌位上。

廁所（一）

1、經診斷廁所座落在家中的270度，酉（正西、生氣方）：貪狼星。

2、這本來是好的方位，但廁所座落在這兒對陽宅的磁場是不利的：生氣方本可得官貴旺宅、做事一帆風順，但位置錯誤這些好現象可能較不能得到。

廁所（二）

1、經診斷廁所座落在家中的41度（天醫方）：巨門星。

2、這本來是好的方位，但廁所座落在這兒對陽宅的磁場是不利的：天醫方本可得家宅興旺、無病消災、平安健康、一團和氣，但位置錯誤這些好現象可能較不能得到。

屋形凸出或凹陷之疾病論斷

陽宅分外陽宅及內陽宅，外陽宅是指屋的外觀，內陽宅是指屋內的佈局，本單元是要診斷外陽宅的外觀有無凸出或凹陷之情況。

經診斷本宅在離位（南方）有缺角之情況

所以家中的【中女】要特別注意有循環系統、心臟血管、中風、眼疾、頭痛等毛病發生。

經診斷本宅在震位（東方）有凸出之情況

所以家中的【長男】要特別注意有免疫系統、肝、車禍、筋骨、手腳痠痛、神經失常等毛病發生。

八宅派屋宅水路之論斷

黃泉訣（亦稱殺人黃泉），黃泉是八宅派的水法，依水局的流向產生貧富現象。水即代表【財】，水與馬路同論，不論坐山與來龍，只論向。黃泉煞只論天干，故除了戊己土外另有八天干，八天干之水流，以順時針來水為吉，逆時針來水則凶。吉者可救貧，凶者為殺人黃泉。

經診斷本宅為【乾山巽向】

以八宅派的水法來論，並無明顯的黃泉訣，所以就水路方面並無吉凶可論，算是平安宅。

流年五黃煞及歲破

方位請參考下表

1、經檢查2012年有幾個方位是不能動土或裝修，否則可能會有意外、血光、破財等事情發生，請多加留意。

五黃煞：東南方。

戊己都天煞：申方、酉方、庚方。

歲破方：戌方。

2、經檢查2013年有幾個方位是不能動土或裝修，否則可能會有意外、血光、破財等事情發生，請多加留意。

五黃煞：中宮。

戊己都天煞：午方、未方、丁方。

歲破方：亥方。

3、經檢查2014年有幾個方位是不能動土或裝修，否則可能會有意外、血光、破財等事情發生，請多加留意。

五黃煞：西北方。

戊己都天煞：辰方、巳方、巽方。

歲破方：子方。

0 子	15 癸	30 丑	45 艮	60 寅	75 甲	90 卯	105 乙	120 辰	135 巽	150 巳	165 丙
北	北東北	東北北	東北	東北東	東東北	東	東東南	東南東	東南	東南南	南東南

180 午	195 丁	210 未	225 坤	240 申	255 庚	270 酉	285 辛	300 戌	315 乾	330 亥	345 壬
南	南西南	西南南	西南	西南西	西西南	西	西西北	西北西	西北	西北北	北西北

以八宅派論：求得婚姻之方法

黃大維因您本命卦為「乾」命。

所以求得婚姻之方法如下：

1、如乾命之人婚姻難成，宜改灶位，坐本命之凶方，而灶口向本命延年位「坤」方。

2、並將臥床移至本命延年位「坤」方。

3、六個月後加上其他催婚（增強桃花）的方法，即有可能娶妻。

邱小津因您本命卦為「震」命。

所以求得婚姻之方法如下：

1、震命之男女宜配「離」命之女男為生氣大吉。

2、震命之男女宜配「巽」命之女男為延年大吉。

3、震命之男女宜配「坎」命之女男為天醫大吉。

4、求婚宜將床安本命之延年位「巽」方，則婚姻緣較快速早成，約六個月後加上催婚（增強桃花）的方法，即有可能娶妻。

5、灶口向本命延年位「巽」方。

黃曉梅因您本命卦為「坎」命。

所以求得婚姻之方法如下：

1、坎命之男女宜配「巽」命之女男為生氣大吉。

2、坎命之男女宜配「離」命之女男為延年大吉。

3、坎命之男女宜配「震」命之女男為天醫大吉。

4、求婚宜將床安本命之延年位「離」方，則婚姻緣較快速早成，約六個月後加上催婚（增強桃花）的方法，即有可能娶妻。

5、灶口向本命延年位「離」方。

黃宇祥因您本命卦為「坤」命。

所以求得婚姻之方法如下：

1、坤命之男女宜配「艮」命之女男為生氣大吉。

2、坤命之男女宜配「乾」命之女男為延年大吉。

3、坤命之男女宜配「兌」命之女男為天醫大吉。

4、求婚宜將床安本命之延年位「乾」方，則婚姻緣較快速早成，約六個月後加上催婚（增強桃花）的方法，即有可能娶妻。

5、灶口向本命延年位「乾」方。

以八宅派論：求得子息之方法

黃大維因您本命卦為「乾」命。

所以求子息之方法如下：

1、如乾命之人久婚不孕，速改：

①灶口向本命生氣位「兌」方，即可得子。

②灶口向延年位「坤」方。

③灶口向天醫位「艮」方。

總之如求子，宜改灶口向生氣「兌」方，即可得子孫，此為最靈驗。

2、如乾命之人若是：

①灶口向「震」方則犯五鬼。

②灶口向「坎」方則犯六煞，此乃乾命之人大凶之方位。

③灶口向「離」方絕命位，則主損傷子

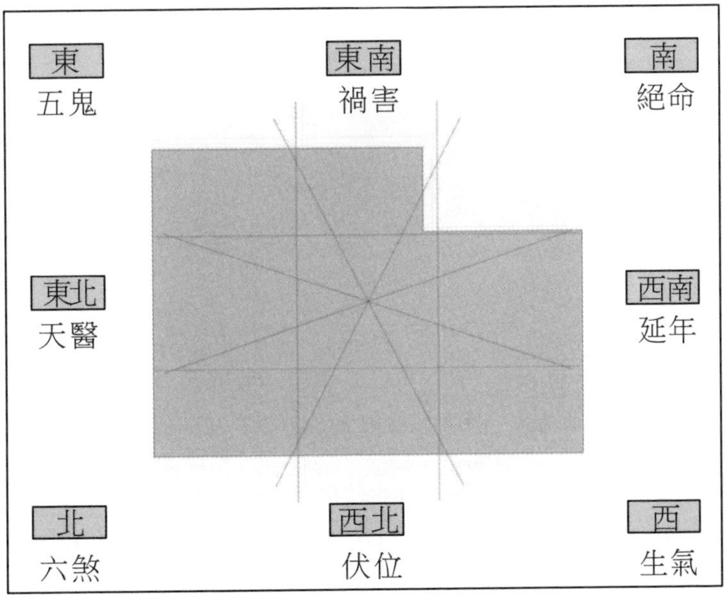

或不生育。

邱小津因您本命卦為「震」命。

所以求子息之方法如下：

1、如震命之人灶口向「離」方生氣位，好。

2、如震命之人灶口向「巽」方延年位，好。

3、如震命之人灶口向「坎」方天醫位，好。

4、如震命之人灶口向「震」方伏位，主多生女，少男丁。

5、如震命之人灶口向「兌」方絕命位，可能無子，多生女。

黃曉梅因您本命卦為「坎」命。

所以求子息之方法如下：

1、如坎命之人灶口向「巽」方生氣位，好。

2、如坎命之人灶口向「離」方延年位，好。

3、如坎命之人灶口向「震」方天醫位，好。

4、如坎命之人灶口向「坎」方伏位，主多生女，少男丁。

5、如坎命之人灶口向「坤」方絕命位，可能無子，多生女。

0 子	15 癸	30 丑	45 艮	60 寅	75 甲	90 卯	105 乙	120 辰	135 巽	150 巳	165 丙
北	北東北	東北北	東北	東北東	東東北	東	東東南	東南東	東南	東南南	南東南
180 午	195 丁	210 未	225 坤	240 申	255 庚	270 酉	285 辛	300 戌	315 乾	330 亥	345 壬
南	南西南	西南南	西南	西南西	西西南	西	西西北	西北西	西北	西北北	北西北

黃宇祥因您本命卦為「坤」命。

所以求子息之方法如下：

1、如坤命之人灶口向「艮」方生氣位，好。

2、如坤命之人灶口向「乾」方延年位，好。

3、如坤命之人灶口向「兌」方天醫位，好。

4、如坤命之人灶口向「坤」方伏位，主多生女，少男丁。

5、如坤命之人灶口向「坎」方絕命位，可能無子。

以八宅派論：疾病改善之方法

黃大維因您本命卦為「乾」命。

所以疾病改善之方法如下：

1、如乾命之男人灶口向「離」方絕命位，則傷乾金，心火尅肺金，主心臟病、咳嗽、氣喘、肺病吐血、肺癌、肺積水、鼻癌、鼻流膿水。

2、宜換舊灶再新添一新灶、壓住本命「離」方絕命位，灶口向「艮」方天醫位，以除去離位之凶，改後半年內病則痊癒。

3、如乾命之人犯「震」方五鬼位或「巽」方禍害位，二方之來路或灶口向之，主患肝病、肝癌、眼瞎、手足痲痺、中風、癱瘓等病症。

4、如乾命之男人犯「震」方五鬼位，則主患傷寒、敗腎諸症。

5、如乾命之婦人犯「坎」方六煞位，則主有赤白帶，又常小產子宮無力、子宮癌、墮胎之病症。

祛病造福方法：

①速將來路或灶口等改向「艮」方天醫位，即可在六個月時間內藥到病除。

②如向「坤」方延年位，可長壽及婚姻美滿。

邱小津因您本命卦為「震」命。

所以疾病改善之方法如下：

1、如震命之人灶口向「兌」方絕命位，主吐血、肺癌、手腳痠痛。

2、如震命之人灶口向「坤」方禍害位，主腸癌、瘧痢、痔瘡、胃病。

3、如震命之人灶口向「艮」方六煞位，主脾病、臌脹、肝痛、腰痛。

4、如震命之人灶口向「乾」方五鬼位，主氣喘、肝癌、手腳痠痛。

祛病造福方法：

①速將灶口改向天醫位「坎」方，即可藥到病除。

黃曉梅因您本命卦為「坎」命。

所以疾病改善之方法如下：

1、如坎命之人灶口向「坤」方絕命位，主腎臟病、尿毒、子宮癌。

2、如坎命之人灶口向「兌」方禍害位，主梅毒、菜花、淋病、泌尿疾病。

3、如坎命之人灶口向「乾」方六煞位，主膀胱、尿毒、頭耳腰病。

4、如坎命之人灶口向「艮」方五鬼位，主胃脾、腹、肚、胸等疾病。

祛病造福方法：

①速將灶口改向天醫位「震」方，即可藥到病除。

黃宇祥因您本命卦為「坤」命。

所以疾病改善之方法如下：

1、如坤命之人灶口向「離」方六煞位，主心臟病、吐血之症。
2、如坤命之人灶口向「震」方禍害位，主肝病、雷電傷亡之。
3、如坤命之人灶口向「巽」方五鬼位，主膽病、火災、淫亂之。
4、如坤命之人灶口向「坎」方絕命位，主少亡、癌症、絕嗣之。

祛病造福方法：

①可將灶口向天醫位「兌」方，則「五日」見效。
②如灶口向延年位「乾」方，則二十五日見效減輕病症，雖然有犯殘廢之症，但延年位主長壽，故殘而有壽也。
③如灶口向「兌」方天醫位，則來路用「乾」方延年位。或灶口向「乾」方延年位，來路用「兌」方天醫位。則全家身體健康，闔家平安，夫妻恩愛，富貴雙全大吉。

以八宅派論：趨吉避凶之方法

黃大維因您本命卦為「乾」命。

所以趨吉避凶之方法如下：

1、如乾命之人灶口向「離」方絕命位，主有官訟、凶殺、口舌是非、火災、死亡等等應驗發生。

2、如乾命之人灶口與大門均向「離」方絕命位，主婦人淫亂。宜改灶口向「兌」方生氣位，而排煙道由「離」方排出，以除離方絕命之凶，改後婦人即守貞而不再淫亂。

3、如乾命之人犯「坎」方六煞位之來路灶向，主凶殺、血光、淫亂溺死之事發生。

4、如乾命之人犯「震」方五鬼位之來路灶向，主有盜賊、橫厄及火災、並損傷長子。

5、如乾命之人犯「巽」方禍害位之來路灶向，主婦人唆索官訟、傷母、傷妻、損財、中毒。

6、制法：灶坐壓住本命之「六煞」、「禍害」、「五鬼」、「絕命」等凶方，灶口向本命之「延年」、「生氣」、「天醫」、「伏位」等用之大吉。

邱小津因您本命卦為「震」命。

所以趨吉避凶之方法如下：

1、震命之人如灶口向「兌」方為絕命位或門、床、神明亦安在「兌」方絕命上，主傷少女及長子、子孫忤逆不孝。

2、震命之人如灶口向「坤」方為禍害位或門、床、神明亦安在「坤」方禍害上，主傷老母、胃癌、夫妻不睦、受電傷。

3、震命之人如灶口向「艮」方為六煞位或門、床、神明亦安在「艮」方六煞上，主傷少男、盜賊、血光、失財、官訟凶殺。

4、震命之人如灶口向「乾」方為五鬼位或門、床、神明亦安在「乾」方五鬼上，主傷長男及老父，並有火災、盜賊失財。

黃曉梅因您本命卦為「坎」命。

所以趨吉避凶之方法如下：

1、坎命之人如灶口向「坤」方為絕命位或門、床、神明亦安在「坤」方絕命上，主惡妻逆子、夫妻不和、車禍火災盜厄。

2、坎命之人如灶口向「兌」方為禍害位或門、床、神明亦安在「兌」方禍害上，主自殺刀傷、血光、火災、盜賊。

3、坎命之人如灶口向「乾」方為六煞位或門、床、神明亦安在「乾」方六煞上，主流蕩、官訟、事業失敗、絕嗣。

4、坎命之人如灶口向「艮」方為五鬼位或門、床、神明亦安在「艮」方五鬼上，主眼疾、家破人亡、怪災橫禍、水火之災厄。

黃宇祥因您本命卦為「坤」命。

所以趨吉避凶之方法如下：

1、坤命之人如灶口向「坎」方絕命位或床門位安坎方絕命位，神明位安坐坎方絕命位，主投河溺死之應。

2、坤命之人如灶口向「離」方六煞位或床門位安離方六煞位，神明位安離方六煞位，主凶殺、火災、淫亂、損妻、子女忤逆。

3、坤命之人如灶口向「震」方禍害位或床門位安震方禍害位，神明位安震方禍害位，主官訟、破敗、雷電損傷亡。

4、坤命之人如灶口向「巽」方五鬼位或床門位安巽方五鬼位，神明位安巽方五鬼位，主老母早亡、長媳婦官訟犯盜賊侵、家人離鄉失散、好賭博敗財、瓦斯中毒。

以上範例之所有診斷內容均從吉祥坊易經開運中心所研發的八宅明鏡軟體所列印出來的，現代人找老師看陽宅，如果能得到一本像這樣完整的勘宅規劃書，相信會得到客戶的好評。如果您需要這套軟件請來電。

附錄

八宅明鏡排盤軟體試用版安裝與功能解說

購買本書所贈送的八宅明鏡應用軟體安裝說明：

安裝前一定要將防毒軟體關閉。

將光碟片放入光碟槽中會自動安裝或按光碟機中的 Setup 鈕就可進行安裝。

本書附贈的八宅明鏡應用軟體功能解說

以下所有功能均可使用預覽但不能列印，且可使用一個月，一個月後即不能使用。（如要永久使用及列印就要購買專業版洽 04-24521393），有意購買專業版請洽老師。

八宅明鏡陽宅診斷與制煞專業版功能表

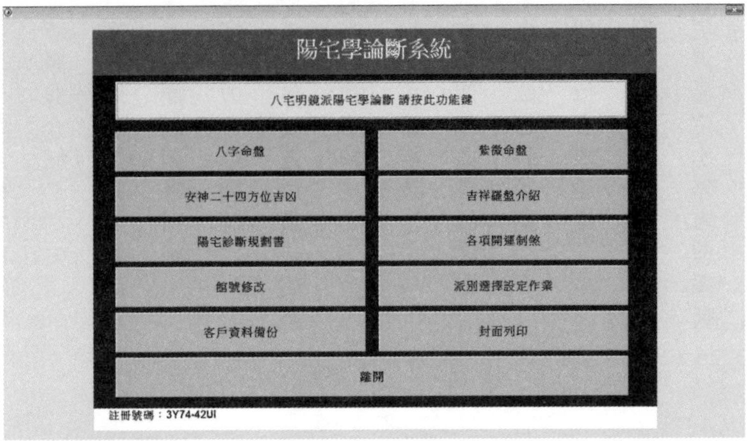

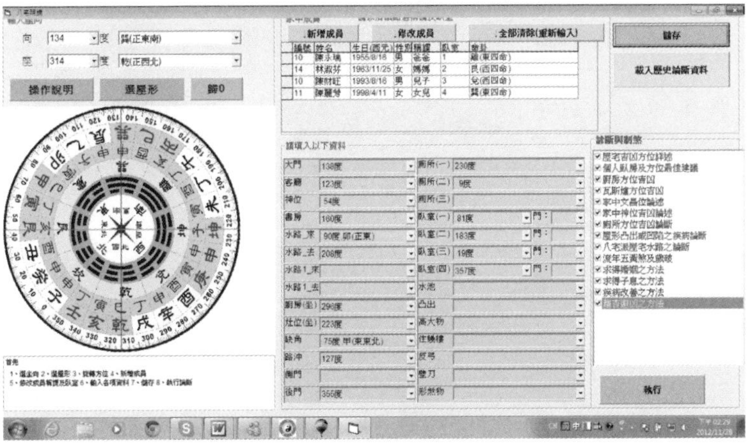

八字命盤列印
紫微命盤列印
安神二十四方位吉凶解說
吉祥羅盤介紹
各項開運制煞物品解說
陽宅診斷規劃書列印
屋宅吉凶方位詳解
個人臥房及方位最佳建議
廚房方位吉凶
瓦斯爐方位吉凶
家中及個人文昌位詳述
家中神位吉凶論述
廁所方位吉凶論述
屋形凸出或凹陷吉凶
八宅派屋宅水路吉凶論斷
流年五黃煞及戊己都天煞

求得婚姻之方法

求得子息之方法

疾病改善之方法

趨吉避凶之方法

專業版軟體只要輸入坐向及各方位角度，軟體就可詳細列出各方位吉凶及如何開運制煞。如購買本書讀者，購買專業版軟體一律九折優惠。

吉謙坊命理開運中心服務項目

一、綜合姓名、面相、陰陽宅、八字命理諮詢	2000 元
二、綜合姓名學命書一本	1200 元
三、八字流年命書一本	1800 元
四、奇門遁甲求財、考試、旅遊、合夥、婚姻、購屋、訴訟、盜賊、疾病等等吉凶用事方位	1200 元
五、逢凶化吉，趨吉避凶轉運金牌（附八字流年命書）	5000 元
六、命名、改名（附八字流年命書，改名上表疏文）	3600 元
七、公司命名（附八字流年命書）	5000 元
八、擇日、起攢（撿骨）、火化、進塔	6000 元起
九、一般開市、搬家、動土擇日（附八字流年命書）	2000 元
十、嫁娶合婚擇日（附新郎、新娘八字流年命書）	3600 元
十一、剖腹生產擇日（必須醫生證明需要剖腹生產）	3600 元
十二、陽宅鑑定	6000 元

十三、陽宅規劃佈局（附男、女八字流年命書）	16000 元起
十四、入宅安香、安神、安公媽	10000 元起
十五、開運印鑑（附八字流年命書）（紅壇木、琥珀、赤牛角等，印鑑擇日開光）	9000 元
十六、開運名片（附八字流年命書，名片擇日開光）	3600 元
十七、數字論吉凶（找尋最適合自己的幸運數字，包括先天與後天數字）	500 元
十八、專題講座、喪禮服務、前世今生	電洽或面洽
十九、生基造福（此地產權與使用權清楚，達到催官、增壽、進祿、招財、保命、啟智之效，請參考 www.3478.com.tw）	電洽或面洽
二十、各類開運化煞物品（請參考 www.3478.com.tw）	電洽或面洽
廿一、賣屋動竅妙、訴訟必勝法、無法入睡、收驚尋人、考試投標助運等	電洽或面洽
廿二、八字（初中高階）、姓名學（多學派）、陰陽宅（多學派）、開運名片、開運印鑑、面相、擇日教學、安神公媽、避煞制煞妙法、國家丙級技術士禮儀師考證	電洽或面洽

服務處：高雄市茄萣區茄萣路二段 187 號
電話：07-6922600 李羽宸老師行動：0930-867707
網址：http://www.3478.com.tw E-mail:chominli@yahoo.com.tw
網址：http://3478.kk131.com

感謝各位讀者，購買本書，上網有免費線上即時論命、姓名、數字等吉凶。

吉祥坊易經開運中心服務項目

一、命理諮詢附八字詳批或紫微詳批	2000 元
二、命名、改名(用多種學派)、附八字命書一本	3600 元
三、一般開市、搬家、動土、擇日、附奇門遁甲擇日	1200 元
四、嫁娶合婚擇日 附新郎、新娘八字命書一本	3600 元
五、剖腹生產擇日 附36張時辰命盤優先順序	3600 元
六、陽宅鑑定及規劃佈局 附男、女主人八字命書一本	12000 元
七、開運印鑑 附八字流年命書一本	9000 元
八、吉祥印鑑	1800 元
九、開運名片 附八字流年命書一本	3600 元
十、八字命理、陽宅規劃、姓名學初階班招生	電洽
十一、多種教學VCD、DVD,請上網瀏覽	電洽
十二、姓名學、八字論命、奇門遁甲、紫微斗數、擇日軟體、前世今生、八宅明鏡、紫白飛星、三元玄空、乾坤國寶、數字論吉凶、開運養生等軟體,請上網瀏覽	好用軟體特價
十三、各類開運物品或制煞物品,請上網查閱	電洽

服務處:台中市西屯區西屯路二段297之8巷78號(逢甲公園旁)

電話:04-24521393　　黃恆堉老師行動:0980-258768

網址:http://www.abab.com.tw　　E-mail:w257@yahoo.com.tw

網址:http://www.131.com.tw　　E-mail:abab257@yahoo.com.tw

網址:http://www.kk131.com　　網址:http://888.a0228.com

國家圖書館出版品預行編目資料

學會八宅明鏡，這本最簡單 / 黃恆堉、李羽宸著.
第一版－－臺北市：知青頻道出版；
紅螞蟻圖書發行，2013.12
面 ； 公分. ——（Easy Quick；135）
ISBN 978-986-6030-85-7（平裝附光碟片）

1.相宅

294.1 102023784

Easy Quick 135

學會八宅明鏡，這本最簡單

作　　者／黃恆堉、李羽宸
發 行 人／賴秀珍
總 編 輯／何南輝
校　　對／楊安妮、黃恆堉、李羽宸
美術構成／Chris'office
出　　版／知青頻道出版有限公司
發　　行／紅螞蟻圖書有限公司
地　　址／台北市內湖區舊宗路二段121巷19號（紅螞蟻資訊大樓）
網　　站／www.e-redant.com
郵撥帳號／1604621-1　紅螞蟻圖書有限公司
電　　話／(02)2795-3656（代表號）
傳　　真／(02)2795-4100
登 記 證／局版北市業字第796號
法律顧問／許晏賓律師
印 刷 廠／卡樂彩色製版印刷有限公司
出版日期／2013年 12月　第一版第一刷
　　　　　2021年 10月　　第二刷（500本）

定價 320 元　港幣 107 元

ISBN 978-986-6030-85-7　　Printed in Taiwan